JN083862

オタクによるオタクのための

オタク婚活 悩み相談室

（文）よこい先生
（マンガ）町子

はじめに

こんにちは！

婚活コンサルタントの「よこい先生」と申します。オタク専門の結婚相談所を運営しております。

「オタク婚活」と聞いて、あなたはどんなイメージを抱くでしょうか？

私が2012年に日本ではじめてオタク専門の結婚相談所を始めた時には、まだ世間では「オタクは非モテで生涯独身」「結婚したければ脱オタするしかない」というイメージが強かったです。

でも、今は違います。これまで10年以上オタク専門の結婚相談所をやってきて、数多くのカップルのご縁を結ばせていただいてきた経験から、私は断言します。

「オタ活をやめなくても、1年以内にゴールインできます！」と。

もっとも、そのためにはある程度のコツがいります。婚活中には、どうしてもさまざまな問題に直面するからです。

「初対面からオタク話をするべきでしょうか？」

「彼がデート中に推しの話をしてくるのですが……」

私の結婚相談所の女性会員さんからも、そうした相談をこれまでいろいろと受けてきました。

そのような悩みに対する、私なりの回答をまとめたのが本書です。これまで私が行ってきた婚活コンサルティングのエッセンスがギュッと詰まった本になっております。

とはいえ、決して堅苦しい本ではありません。マンガ家の町子先生にもご協力いただき、気軽に読める一冊に仕上がりました。

人間、真剣に悩みっぱなしでは疲れ果てて、燃え尽きてしまいますよね。時には気晴らしも必要です。そんな時に楽しみながら読んでいただき、ほんのちょっとでも気持ちを楽にしてもらえたら……そんな思いで書いています。

この本が、悩み多きオタク婚活に頑張る人の一助になれば幸いです。

よこい先生

2024年1月

目次

第2章 服装編

第3章 会話編

第4章 フィーリング編

第5章 デート編

第6章 闇堕ち編

第7章 決断編

第1章

心構え編

悩み1

彼が子供っぽくて頼りないのですが……。

よく「同じ年齢なら女子の方が男子よりしっかりしている」と言われますよね。

女の子は3歳ぐらいになると社会性が芽生え、やっていいこと、いけないことを理解しはじめ、きちんとルールを守るようになることが多いです。それに対して、男の子はいくつになっても社会的なルールを気にせず、好きなように行動する傾向があります。

この性質は、婚活するような年齢になっても基本的に変わりません。

実際に会員さんの婚活を見ていると感じるのですが、女性はオタクであっても、夢見がちなようでいて、かなりリアリストでしっかりしています。例えば「30歳までには結婚したい」などと目標を立て、自分の将来設計に合わせて男性のプロフィールを読み込むなど、しっかりと計画を進めていきますし、服装もTPOに合わせてちゃんと擬態します。

それに対して、同世代の男性は、かなり夢見がちでフワフワしています。婚活しているのですから結婚したい気持ちはあるのでしょうが、「いい人がいたら」「ぼくに合う人がいたら」などと成り行き任せ、運任せだったりします。お相手のプロフィールも何も考えず「可愛い」など写真だけ見て判断する人がほとんどですし、将来に向けての計画を聞いても漠然としており「それなんてエロゲ?」と思うような夢を平気で語ったりすることも。服装も(特にオタク男性は)「そんな部屋着のような格好でデートに行くつもりなの?」と驚くことが少なくありません。ですから、女性から見ると「子供っぽい」「頼りない」と感じるのも無理はないと思います。

ただ、ちょっとだけ擁護すると、男性の「周りを気にせず、我が道を行く」という特徴は、時に大きな力を発揮することがあります。例えば仕事で大きな成果を出したり、誰もが驚くような偉業を成し遂げたりする人は、こうした子供っぽさを残していることが多いものです。
そういう意味では、男と女はお互いの得意なところで力を発揮し合い、お互いの足りないところを補い合うのが理想な関係なのではないかと、私は思います。

では、どうやって彼に足りない社会性を補えばいいのか？　そこでオススメなのが、「委員長」作戦です。
よく、アニメとかで委員長と呼ばれる、しっかりものの女の子キャラがいますよね。普段は「ちょっと男子！ルールはちゃんと守ってよ」など叱りつける強気な女の子が、ふとした瞬間に「もう、しょうがないんだから」と言いつつ母性を見せる……そのギャップに主人公の男の子がドキッとする、というのがお決まりのパターンです。アレを真似してみるのです。

「あれこれ注意すると、口うるさい女だと思われて遠ざけられるだけでは？」と思うかもしれませんが、意外とこれがよく効きます。もちろん「ちゃんとしてよ！」と叱るだけではダメですが、「しょうがないんだから」としっかりフォローしてあげれば、彼は驚くほど素直にあなたの言うことを聞くようになるはずです。
あとは、うまくできたら「ありがとう！」と大げさに感謝すれば、男性は満足します。それは、まるでお母さんに褒められた子供のようです。ですから、私は女性会員さんに、男性には子供だと思って接すればいいよと伝えています。
実際、会員さんを見ても、しっかりして真面目で委員長タイプの方と女性と、ちょっとだらしないところのある男性とのカップリングは成婚率が高いです。アニメには婚活を成功させるヒントが隠されているのです。

ひとことアドバイス

男と女は、お互いの足りないところを補い合うのが理想な関係。母性を発揮して、彼をあなた好みに育てよう！

ちょっと～
シャツ出てるよ

なんで催促するまで
返信しないの？
ズルー
……
……
なんで
そこで
黙る!?

どう？
彼との
お付き合いは
なんか……
思ってたより
子供っぽくて
もっと
頼れる人かと
思ってたん
ですけど……

それは
仕方ないよ！
男は女性より
子供っぽいもの
つまり
女性がいないと
立派に
生きてけないの

よく言うでしょ推しキャラを「かっこいい」と思ってるうちはいいけど

現在の推し

フッよく来たな主人公よ

「可愛い」と思い始めたら沼!!!

そうやって沼れる相手が結婚相手!(かも)

カワイ~バブ~

うっ!!

「バブらせてあげてもいいか」と思えなければお別れでOK!

まぁ……母性本能の存在は認めます

なぜ男性は、昔の彼女の話をするのですか？

よく「女の恋は〝上書き保存〟、男の恋は〝名前を付けて保存〟」と言ったりしますが、私の結婚相談所の会員さんを見ていても、「昔の恋」に対する扱いが男女でかなり違うことを実感します。

女性は、とても切り替えが上手ですね。一つの恋が終わると、彼氏からもらったものは、思い出と共にすべて処分する人がほとんどです。

一方、男性は昔の彼女の写真や手紙、プレゼントなどを、記念に取っておくケースが多いです。思い出も、その一つ。未練というより、どちらかと言うとコレクション感覚に近いものです。

例えるなら、オタク部屋の祭壇をイメージしてもらうと分かりやすいでしょう。

男性の場合は、推しが変わっても、昔の推しだったフィギュアがずっと飾ってあったりします。男性はコレクション癖が強い生きものなのです。

「この店、昔の彼女ときたんだよね」
「前の子は（○○を）やってくれたのに……」

デートの最中に、男性がふとそんなセリフを漏らすことがあります。女性としては良い気分はしないですよね。「彼女は彼女、私は私。比べないでよ！」と言いたくなるかもしれません。実際、それでケンカになるというのも男女の「あるある」です。

かばうつもりはありませんが、これ、男性にはそんなに悪気はないのです。別に昔の彼女に未練があるとか、そういうことではありません。今の彼にとって、あなたが一番大切な存在であることに間違いはないのです。

ただ、ふと思い出したことを何の考えもなくポロリと口にしてしまった。男性の側からすると、そんな感覚に過ぎません。

これに対して女性の場合は、前の推しのグッズはすべてメルカリなどで処分して、今の推しグッズしか祭壇には飾りません。一昔前の断捨離ブームを思い出しても、女性は「捨てる」ということに関して躊躇ないことが分かります。まあ、それが高じて妻が夫の大切なコレクションまで捨ててしまってトラブルになったという話も聞こえてきますが……。

何にせよ、これは男女の傾向の違いであって、どちらが正しいとか間違っているというものではありません。ただ違うのだということを受け入れてください。

ただし、そうした違いがあるにせよ、相手への気遣いは必要になります。

男性としては、大切な推しグッズのコレクションを捨てる必要はないですが、家族に迷惑をかけない範囲にとどめるべきでしょう。そして、その範囲にとどまっているのであれば、女性の側もある程度は彼のコレクションを容認するべきではないでしょうか。

それと同じで、男性は別に昔の彼女の思い出を捨てなくてもいいですが、それをわざわざ今の彼女の前で口にする必要はないのです。女性としても、それくらいの気遣いは要求して良いと思います。ですから、もし彼が昔の彼女の話をしたら、注意してＯＫです。

「もし私が昔の彼の話をしたら、どう思う？」

そんなふうに伝えれば、彼もあなたの気持ちを分かってくれるはずです。もしそれでも昔の彼女の話を繰り返すようなら、そんな相手とはとっとと別れてください。

ただし、昔の彼女に対して嫉妬する必要はありません。単なる思い出なのですから、彼の心にそっとしまっておくくらいのことは許してあげてくださいね。

ひとことアドバイス

男は思い出をコレクションする生きもの。それを捨てさせることは難しいですが、パートナーとして当然の気遣いは要求してＯＫです！

次のデートしたいことある？

そうだなー手料理とか食べたいかも……

えっ……

お、おうちデートってこと？

うん……

前の彼女もよく作ってくれてたんだよね

そりゃ
男がダメだね
昔の女と
比べられてる
みたいで
イヤでしょ
そうなん
です!!
でも、それも
男女の
違いだよ

女性は
別れたり
推し変すると
過去のことは
忘れて
今に集中
できるけど……
元カレのプレゼントや
推しのフィギュア
メルカリ
男は
過去にできないの
COLLECTION
ずっと飾ってある
フィギュアみたいに
心のなかに
常に「ある」から
話題に出しちゃう

次言ったら
逆の立場なら
どう思うか
聞いてみな
最低なこと
してるって
気づくはず
なるほど

それでも
直らん奴は
お別れで
いいよ
了解です
忘れて
サクッと
次いきます
そーそー
男には
できない
のよコレが

悩み3

男性が何を考えているかさっぱり分かりません！

私も男ではあるのですが、女性がそう思ってしまう気持ちはよく分かります。なにしろ婚活している男性、特に私が専門としているオタク男性は、とにかく自己主張が苦手。婚活パーティーを開催しても、まず自分から女性には話しかけません。そして、女性から話しかけられても「はい」「いいえ」としか答えないので、会話が続きません。いわゆるコミュ障です。これでは「何を考えているのか分からない」と言われても仕方ないでしょう。

ただ、そういったコミュニケーション上の問題はさて置くとして、そもそも異性というのは分からないものなのです。実は男性側もやっぱり「女性が何を考えているのか分からない」と思っています。そういう意味では、お互い様ではあります。

男性と女性には、ものの捉え方や考え方など、肉体面以外にもさまざまな違いがあります。なぜそうなのか、脳科学などいろいろな分野で研究されていますが、諸説あるのではっきりとは分かりません。ただ、理由が何にせよ、婚活コンサルタントとしての私の経験上からも、男女にさまざまな面で違いがあることは確かだと思います。

ですから、いきなり異性を理解しようとしなくてもいいのです。最初はただ「こういうものなんだ」と受け入れるだけで大丈夫。そうやって少しずつ、長い時間をかけてコミュニケーションを取っていくことで、いつの間にか相手のことが理解できるようになっていきます。

例えば男性であっても、自分のお父さんのことなら、女性のあなたでも理解できますよね。それは、これまで長い時間一緒にいて少しずつ理解を重ねてきたからです。家族になるとは、そういうことなのです。そのような関係を一生かけて築き上げていける相手を探すのが、婚活なのだと考えてください。

あるいは、別の例えをするならば、日本に来た外国人に必死に助けを求められた時に似ています。相手が何を話してるかさっぱり分からなくても「少しでも力になってあげよう」と感じますよね。結婚には、そうしたホスピタリティー、慈悲の心が大切なのです。

ちなみに、「彼が私のことを理解してくれない」「女性の気持ちを察してほしい」という悩みも多いのですが、これも同じ理由で、いきなりは難しいでしょう。

たまに出会ってすぐに「君の気持ち、分かるよ」と歯の浮くようなセリフを言ってきたり、心を読んだかのような振る舞いをする男性もいますが、そういう人にはむしろ注意してください。かなり女慣れしたプレイボーイの可能性が高いです。彼は経験則で動いているだけで、あなたのことを本当に理解しているわけではありません。騙されて、もてあそばれないようにしましょう。

男性には女性を理解できないのが当然。一足飛びに理解を求めるのではなく、まずはまだ歯が生えていない赤ちゃんに離乳食を与えるが如く、自分の気持ちを彼に分かりやすく咀嚼して伝えることから始めてください。

その代わり、「こんなことを言ったらわがままかな?」といった遠慮は不要です。そういった部分も含めて、少しずつでも彼に伝えて受け入れていってもらわなければ、長い結婚生活を続けていくことはできません。

慈悲深い菩薩にして、わがままな姫。それが、あなたの目指すべき姿です。

「理解できなくても否定せず受け入れればいい」

「分からなかったことが分かっていくのが楽しい」

これは、オタク趣味に通じますよね。そういう意味でも、オタクは結婚に向いていると私は思うのです。

ひとことアドバイス

異性のことは理解できないのが当然。まずは慈悲の心を持って、ただ受け入れることから始めましょう!

よこい先生〜〜!!
バーン
ビクゥゥ
な、なに
いきなり
助けて
ください
彼が何考えてるか
全然わかんないいん
です〜!!

話しかけても
リアクション
薄いし
ラインも
そっけないし
15行に
一行…
そのくせ
「最近好きって
言ってくれない」などと
ぬかしよる
あのね
あのね
へー
問い詰めすぎて
尋問みたいに
なるしまつ
いや
べつに…
なに考えてんだ
って
きいてんだよ
キェー

えー
グイグイ
聞いちゃったの?
グイグイ
聞きました
それはもう

あのね
男性の心を
知る方法が
ひとつあるよ
それは…

慈悲の心を
持つこと

じ……
慈悲？
男性はね
自分の心を
打ち明けることは
恥だと思ってる
節があるんだ

要するに
カッコつけ
たいの！
COOL
背中で
語る…

「なにか
言いたいことが
あるのかな？」
「困ってることが
あるのかな？」
っていう
”助ける“ような
気持ちで
聞いてみると
いいかもね
なるほど……

先生の
ぼうし
コレクションも……
カッコつけ
たいの!!

アラサー喪女です。恋愛経験ゼロでも結婚できますか？

はい、結婚できます。

なぜなら恋愛と結婚は別物だからです。

これはよく誤解されがちなのですが、恋愛が苦手なら、別に無理に恋愛しなくても結婚はできます。

その証拠に、私の結婚相談所には「好きなことに夢中で生きてきて、恋愛するの忘れてた！」というオタク女子の会員が多いのですが、みなさん成婚されます。

「恋愛のない結婚なんて」と思うかもしれませんが、リアルの人生にとって、そこまで恋愛って重要ではないと私は思います。

漫画やアニメで描かれるようなステキな恋愛に憧れる気持ちは、同じオタクとして私もよく分かりますが、アレはあくまで「想像上の存在」「非実在恋愛」です。読者として楽しむ分には大いにけっこうなのですが、二次元の世界と三次元の世界をごっちゃにしないというのが、オタクの見識というものではないでしょうか。

このあたり、ＢＬ趣味の方はうまく切り分けられていますね。男の子同士の二次元の恋愛と、三次元での男女の結婚を区別しているので、成婚も早い印象です。

「それでも恋愛結婚にこだわりたい」と考えるなら、あなたの人生なので、自由ではありますが……。ただし、はっきり言いますが「アラサーになってから恋愛を始めるのは無理に近い」と考えてください。

恋愛って、スポーツに似ているんです。そもそも素質や素養が大切だったりします。いわゆる、恋愛体質ってやつですね。もちろん天賦の才能がなくても、努力すれば恋愛力を鍛えることはできますが、その場合でも「どれだけ持続的に鍛えているか」がものを言います。

スポーツで一流になる人は、子供時代から厳しいトレーニングを積んでいますよね。それと同じように、「いくつになっても恋愛できる人」というのは、やっぱり子供の頃からたくさん恋愛をしているわけです。

そんな世界に、恋愛初心者のあなたが飛び込むわけですから、それなりの覚悟が必要になります。現実の恋愛はキレイごとばかりじゃありません。今まで感じたことのない感情に振り回されることもありますし、修羅場もあれば、悪い男に騙されることだってあり得ます。

恋愛結婚にこだわるあまり、気がついたら50歳まで独りぼっちで寂しい人生を送っていた……そんな女性もけっこういらっしゃいます。現実の恋愛は、それぐらいリスキーだということは分かっておいてください。

それに、恋愛経験の少なさをコンプレックスに感じるオタク女性は少なくないのですが、これまで恋愛に時間を使わなかった分、別の何かに打ち込んでいたからこそ得られたものもあったはずです。恋愛経験だけが、女性の価値を決めるわけじゃない。隣の芝生を羨んで、自分を卑下する必要はありません。あなたはあなたの人生を大切にして生きればいいのです。そのために、あなたなりの形の結婚をすればいいのです。

実際、私の結婚相談所で成婚された、恋愛経験のないオタク女子にお話を伺うと、夫婦でお互いに助け合いながら、それぞれ好きなライブやイベントに行き、のびのびと推し活を楽しんでおられる方が多いです。お互いに相手の生き方を尊重した結婚生活が送れるなら、たとえ恋愛を経ていなくても、それはもう愛のある結婚だと言えるのではないでしょうか？

そんなわけで、恋愛経験がないオタク女子が婚活する場合は、恋愛マッチングアプリよりも結婚相談所をオススメします。別に私が結婚相談所を経営しているから言っているわけじゃないですよ！

ひとことアドバイス

恋愛は二次元世界のフィクションで楽しめば十分。苦手なのに無理して恋愛しなくても、あなたは結婚できる！

30歳になったんですが
今まで一度も恋愛したことなくって……
もじ…
もじ…
今からでも恋愛して結婚できるでしょうか？

無理だね
ズバババァ

ひどい！私だって出社中にイケメンとぶつかって恋に落ちるかもしれないのに
キャー
落ち着いて

『できない』とか『しちゃダメ』って言ってるわけじゃないよ

まず
大前提
結婚は
『恋愛しなくても
できる』んだよ！
えぇ⁉
ガーン

そして、
恋愛経験のない人が
頑張って恋愛を
しようとすると
傷ついちゃうことも
多い……
悪い男に
だまされる
こともあるし

恋愛じゃなくても
他に頑張ったことや
楽しかったことが
あったでしょ？
オタ活とか
今の自分を
形作ってる
経験が！
学校や
資格の
勉強とか…
よこいさん…
それを
大事にしてれば
大丈夫だよ！

そして

出社中にぶつかった
イケメンと
恋に落ちて
結婚しましたぁ☆
ま
そーゆーことも
ある
おめでとう

オタク婚活
オタクによるオタクのための
悩み相談室
?
LIMITED HOBBY
AKIBA
?
!!

第2章

服装編

悩み1 彼の服装がだらしなくて、一緒に歩きたくありません！

よく「見た目で人を判断してはいけません」とは言いますが……ものには限度がありますよね。

私が主催する婚活パーティーやお見合いでは、「男性はおしゃれをしなくてもいいので、必ずスーツ着用のこと」と口酸っぱくお伝えしています。なぜなら、そう言っておかないと、とんでもない服装で参加する人が出てくるからです。

ボサボサで伸びきった髪、サイズの合っていないダブダブなシャツやズボン、ウケ狙いの日本語が書いてある謎のTシャツ、推しのアクリルキーホルダーがみっしりついたカバンなどなど……「まさか」と思うような服装をしてくる人が、意外と少なくありません。

一方、女性は「おしゃれには自信がないんです」「服を買いに行く服がありません……」という人でも、それなりにTPOに合わせた清潔感のある服装をしてきます。そうした女性の目から見ると、「男性はなんでこんなにだらしないんだろう？」と謎を感じると思います。

答えは簡単。そもそも「その場に相応しい服装のルール」を知らないからです。センス以前の知識の問題なのです。

女性でもおしゃれに興味がない人はいますが、それでも育つ課程でお母さんや友達から最低限「恥ずかしくない程度の服装」の知識はなんとなく学びますよね。分からないことは相談できる相手もいると思います。

ところが男性の場合、本人に興味がないと、とことん学ぶ機会がありません。お父さんもファッションには詳しくないことが多いですし、お母さんも男の子の服となるとそこまで知識がない。友達も、だいたい似たような趣味の人たちで集まりますから、みな服装には無関心。唯一、営業職や接客業に就いた場合には先輩から指導を受けることもありますが、それもスーツなど限られた服装に関するものですし、オタク男性の場合はプログラマや研究職など、あまり外の人に会わない仕事をしていることが多いので、そこでも学ぶ機会がなかったりします。そんな基本的な知識がない状態で、自分のセンスだけでおしゃれしようとして悲惨なことになる人も少なくありません。

ということはつまり、あなたが教えてあげればいいのです。「だらしない」「センスがない」と嘆く前に、あなたがプロデュースすれば良いのです。「私の選んだ服を着てくれるかしら？」と気になるかもしれませんが、心配いりません。もともと知識もこだわりもないオタク男性ほど、キレイにあなた色に染まり上がります。

もしあなた自身も男性の服装はよく分からない、という場合でも大丈夫。彼と一緒にセレクトショップに買い物に出かけましょう（男性ものも女性ものも扱っているような大手ショップが無難です）。そこで、マネキンが着ている良さげなコーディネート一式を買うか、あるいは店員さんに「○○に行くのに無難な服装を選んでください」などとお願いすればいいのです。そうでもしないと、服装に無関心な男性はとことん無関心なので、いつまでたっても変わりません。かの相対性理論を発見した天才物理学者アンシュタインにも「服を選ぶ時間と頭を使うのがもったいないから、同じ服を10着買って着まわしていた」という逸話があるくらいです。

ここはぜひ、あなたの母性、慈愛の心を発揮してください。私の相談所の女性会員さんの中には、服装にだらしない彼を変えた結果、周りの評価が高まり、結婚後に彼が支店長に出世したという人もいます。二人の将来を考えれば、安い投資ではないでしょうか。

ひとことアドバイス

そもそも知識がなさ過ぎて「何を着れば良いか分からない」という男性は多い。あなた色に染めあげよう！

今日は彼と初めてのデート
お見合いではスーツだったから私服楽しみ
まだ来てないのかな
あっ……かなさん
こここんにちは
謎のぼうし
伸びたTシャツ
紐がちぎれて結んだカバン
ヨレェ…
誰ェ!?

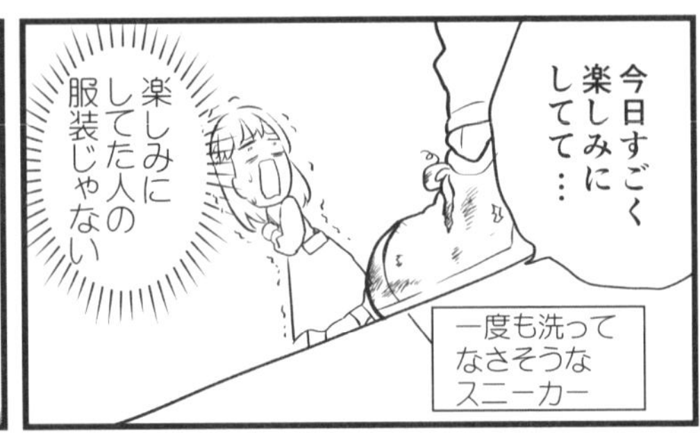

それで相手と別れたいと
ずーん
無理すぎます私だってがんばっておしゃれして行ったのに

私…どうでもいい相手だったんでしょうか
グス
いや、彼は知らないんだと思うよ

日本って服装に関する教育がないでしょ？
たとえば…
ジャストサイズが基本
シャツは入れて着るもの
などなど…
きちんと服を着られる人ってほんとに少ないんだ

つまり
彼はまだまっさらな何の知識もない状態

自分の好みに染め放題!!
バッ
虫よけが大変になりました…
ラブラブでなにより

彼が私のオタク趣味を必死に聞き出そうとしてきます。

これ、オタク婚活において男女の違いを特に強く感じるテーマです。

女性の場合、基本的にオタク趣味は「隠すもの」ですよね。たとえ同じ作品が好きでも「逆カプは地雷」という人もいますし、同じアイドルを推していても「同担拒否」という人もいますから、自分の趣味を明かすのに慎重になるのも無理はありません。「イヤなものは見たくない」という人も多いですから、検索避けがマナーとされるのも頷けます。

一方、同じオタクでも男性の場合、そのあたりはかなり大雑把です。逆カプでも気にならないという人も多いですし、「興味ないものはスルー」が基本なので、検索避けという文化もありません。それに、知識の広さや深さに誇りを持っている人が多いので、オタクを隠すよりも知識をアピールしたがる傾向があります。

そういう意味では、彼に悪気はないのです。

ただ、あなたを理解して仲良くなろうと必死になっているだけ。そして（自分もそうなので）オタク知識を披露できるのは、あなたも楽しいだろうと思い込んでいるだけなのです。いわば善意からの行動と言えます。

惜しむらくは女心を理解していないため、その善意がかえってアダとなってしまっているのですが……。

ですので、あなたが「話しても構わない」と思う程度のことなら、彼に話してあげても良いとは思います。きっとあなたが心配するより、彼は素直にあなたの話を聞いてくれるはずです。

ただし、もちろん聞かれてもいないのに自分から話す必要はないですし、あなたが話したくないことまで無理に話すこともありません。

あなたが言葉を濁していると、もしかしたら彼が「自分の善意を疑われた、拒否された」と感じて、ちょっとムキになって聞き出そうとしてくるかもしれませんが、そういう場合は「恥ずかしいから、まだ秘密にさせて」とお願いすれば、丸く収まるでしょう。それでもさらに無理に聞いてくるようなら、そんな相手の気持ちをないがしろにする男とは別れてOKです。

それから、たまに自分から聞いてきたくせに、理解できないからとあなたの趣味を馬鹿にしてくる男もいますが、そういう相手とも即刻別れてください。

そもそもオタク趣味というのは、当事者しか分からない、深い世界があるもの。他人には理解できなくて当然なのです。大切なのは、理解することではなく、受け入れること。それができない相手とは、明るい未来は築けません。そういう意味では、オタク話は一種の試金石と言えるかもしれませんね。

なお、これは男女ともに同じことが言えます。なので、あなたも彼のオタク趣味を理解する必要はありません。ただ「この人はこれが好きなんだ」と認めてあげれば十分です。

実際、私と嫁もお互いのオタク趣味のことはまったく理解していませんが、認め合うことで23年うまくやれています。

ひとことアドバイス

男と女ではオタク話に対する感覚が違う。話したくなければ、無理に話さなくてOK！

あずささん
今度の日曜
会えますか？
あ
えっと…

やべえ
カプオンリー＆
イメソンカラオケの
日だ〜ッ
そ
その日は
同人イベント
で…
まあ彼も
オタクだし
これぐらい
なら
言っても…

同人イベント？
ジャンルは
何ですか？
BLですか？
誰と誰ですか？
どこが萌えた
ポイントですか？
なぜその2人が
いいと思ったんですか？
イメソンとか
ありますか？
18禁は読みますか？
自分でも書いて
らっしゃるんですか？
ゔぉわ〜しっ!!???

そ、
そんなの
聞いて
どうするん
ですかっ
あなたのことを
もっと理解したくて…

ちなみに
原作は
完走しました
こないだ
好きって
言ってたので
全120巻
マジか

えっ…ど
どのシーンが良かったですか？
ススス
ここの…
シン（主人公）とルカ（部下）が
組織を裏切るか
モメてるシーンですね

そこ〜〜〜!!
わかってる〜〜〜!!
えっじゃあさ
シンって…

受け
攻め
ですね

原作100万回読んで出直してこいやァァア
ルカ×シン過激派
あ〜
ってなるから
オタ話は
ほどほどに

悩み3

彼の財布やカバンが子供っぽくて気になります。

男女の服装の中でも、一番差が出るのが、実はカバンや財布などの小物だったりします。

特にカバンに対する感覚は違いますね。女性の場合、そんなにこだわらない人でも仕事用のバッグ、休日用のバッグ、推し活用のバッグなど、TPOに合わせていくつかのカバンを使い分けているのではないでしょうか。

これに対して、男性はいつも同じバッグで、そもそもカバンは一つしか持っていないという人も少なくありません。最近はオフィスのカジュアル化が進んできているので、なおさらです。ですので、女性にしてみれば「服はマシなんだけど、そのバッグは合ってなくない?」と思うこともあるでしょう。

財布の場合は、女性でも複数を使い分けている人は少ないかもしれませんが、男性は物持ちが良いと言うか、一つの財布を長年使い込んでいる人も多く、女性が見ると「さすがにボロボロすぎない?」「そんな子供っぽい財布は卒業したら?」と感じることもあるかと思います。

なぜ男性はそうなのか?

それは別の項目でも説明したように、そもそも服装に無関心だから、というケースがほとんどです。その場合は、彼の服を一緒に買いに行くついでに、そうした小物まで揃えてしまうのが手っ取り早いでしょう。

ただ、こうした小物で難しいのが、実は彼なりに思い入れがある可能性もあるということ。傍目にはそうは見えなくても、実はこだわりの逸品、一点豪華主義のひと品だったりすることがあるのです。特にオタク気質の男性の場合、妙なところにこだわりを持っていることも少なくありません。

なにしろ、一時ネットで「ダサい財布」の代名詞になったナイロン製でベルクロ式の、いわゆる「バリバリ財布」にさえ一定数のファンやマニアはいるのです。世の中は広いと言うか、知らないことも多いですよね……。

ですので彼の持ち物が気になっても、いきなり「カッコ悪い」と一蹴するのは避けましょう。まずは、それを選んだ彼なりの理由があるのか、さりげなく聞いてみることをオススメします。

「いつもそのカバンだけど、何か思い入れがあるの？」「そのお財布、ずいぶん使い込んでいるね。何かこだわりがあるの？」

そんなふうに聞けば、嬉しそうにうんちくを傾けてくれるかもしれません。そうしたら、そのうんちく自体は理解できなくても、まずは「彼にとって大切なことなんだな」と受け入れる。これがお互いのこだわりを尊重するオタク婚活の基本です。

その上で、もしどうしても気になるようなら、あまり高いものでなければあなたから新しいものをプレゼントしてあげるのもいいでしょう（ブランドものの高級品などはトラブルの元になる可能性があるのでオススメしませんが……）。

「今のものを大切にしているあなたもステキだけど、いつも身につけるものをプレゼントしたくて……」など伝えれば、それが彼にとって新たな「思い入れのある逸品」になること間違いなしです。

ひとことアドバイス

実は彼のこだわりが隠されている可能性も。まずは理由を確かめて！

♪どうして
どうして

♪あなたの
財布は

そんなに
ズタボロ
なんですか？
ズモォォ…

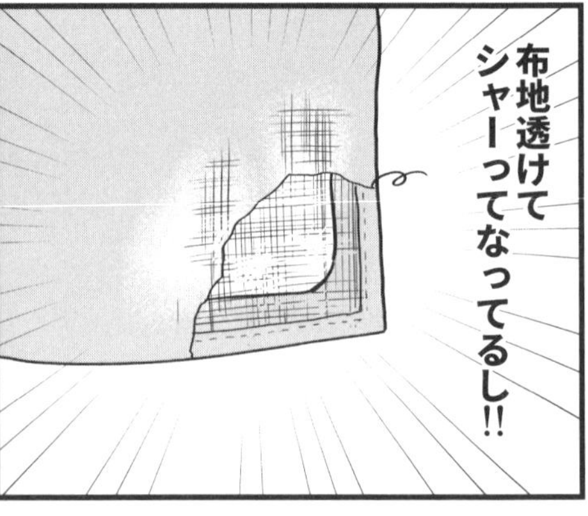
布地透けて
シャーってなってるし!!

スナップの受け
行方不明だし!!
カプ厨
泣くぞ

そのパツンパツンの中身がお金だったらよかったんだろうか……
じっ……
「ここ出しますね」
全部ポイントカードとレシートだよね

どうかしましたか?
一緒にいる時に出されるとちょっと恥ずかしい…
な、なんでも!

ねえ…財布かなり使い込んでますよね?
よかったら新しいのプレゼントさせてくれませんか?

…気持ちはありがたいんですが
年の離れた弟が初めてのアルバイトで買ってくれたものなんです

嬉しかった気持ちが忘れられなくて…
ごめん

でもさすがにボロいですよね
バシバシ
ピカピカだよ
そろそろ買い替え
百年は持ってな
かなさんって面白いですね

悩み4

化粧を変えても、髪型を変えても、服装を変えても彼が何も言ってくれません。

女性の場合、服装一つ決めるのでも「似合っているかな？」「場違いじゃないかな？」「相手にどんな印象を与えるかな？」など、いろいろなことを考えて選びますよね。時にはかなり迷って悩むこともあるでしょう。

メイクやヘアスタイルもそうです。ですから、これまでと雰囲気を変えた時など特に、周りからどんな反応が返ってくるか気になるのは当然だと思います。

それなのに、彼から何のリアクションも得られなかった……となると「私に興味がないのかな？」と不安になるかもしれませんね。

まず言っておくと、彼が無反応な理由は「あなたに興味がないから」ではありません。考えられる理由は二つ。

まず一つめは、これまで他の項目でも説明してきたように、多くの男性は服装について無関心だということです。関心がないから、細かい変化に気付きません。

そして、仮にもし変化に気付いたとしても、自分が服装に無頓着であるが故に、あなたがそこまでいろいろ考えて服を選んでいることに思いが至らないのです。だから、ことさらに反応しようと思わない。

これは、あなた自身に興味がないということではありません。彼の頭の中は「今日はどんな話をすればいいかな」「どこに連れていけば喜んでくれるかな」など、あなたのことで一杯です。ただ、その意識が服装に向いていないということなのです。

それから、もう一つの理由は、あなたの変化には気付いていて、何か言わなきゃと思っているのに「何を言っていいか分からない」というパターン。実はオタク男性の場合、こちらのパターンであることが意外と多いです。

恋愛マニュアルなどを読んで「女性の変化を褒めま

しょう」ということは知っていても、いざその場になると「どうやって褒めれば良いんだろう？」「変なほめ方をして嫌われないかな？」「自分がこんなことを言って、セクハラだと思われないかな？」などと頭が真っ白になってしまい、その結果、フリーズして無反応になってしまうのです。女性慣れしていないオタク男性ならではの悲しい性です。

実際、私の相談所でも、男性会員からの「女性をどうやって褒めれば良いんでしょうか？」という相談はかなり多いです。

なので、いずれの理由であっても、まずは慈悲の心を持って、あなたが彼を育てましょう。彼の反応を黙って待つのではなく、あなたから変化をアピールして、彼の意識をそこに向かせるのです。

そして、その際には「この新作ワンピース、どぉ？」と漠然とした聞き方をするのではなく、「この新作ワンピース、どぉ？　可愛くない？」などと、あなたが何を知りたいのか分かるような聞き方をするのがポイントです。そうすれば、女性慣れしていない彼でも答えやすくなります。

「何か無理矢理言わせているみたいで複雑……」と思うかもしれませんが、最初はそれでいいのです。それを繰り返していると、そのうち彼も学習して、あなたがアピールする前から変化に気付いて反応してくるようになります。

会員さんを見ていても、グイグイ行くタイプの女性の方が、圧倒的に成婚率が高いです。オタク婚活は「今日の私、可愛いでしょう？　褒めて、褒めて！」くらいの姫ムーブで行きましょう。

ひとことアドバイス

どう反応すれば良いのか分からないだけかも。最初はあなたからグイグイ行きましょう！

おっ
髪型変えたんだ！
いいじゃん！

……
そうですよね
ロングから
ショートですから
普通は
気づき
ますよね

彼、
全っっ然
気づいて
くれなかったん
ですよ―――ッ!!
ガン スルー―
私…
前となにかちがわない？
…え？
あー
よくある
よくある
男は
鈍感だから
ねー
テレてる
だけかも
にしても
ひどすぎ
ません!?

切っただけじゃ
ないですよ!?
前はメガネも
かけてたけど
今日
コンタクトに
してみたの
きゅるん♡
？
メガネ
かけて
たっけ？
テメーも
コンタクトに
してやろうか(？)

うーん
それじゃ
『ハンター作戦』
はどうかな？
ハンター？
男には
狩猟本能があると
いわれている
動く・揺れる
モノに
目が行きやすい、
つまり……
揺れるものを
身につける!!
揺れる
ピアス・イヤリング
リボンや
フリル
動くスカート
キーホルダー
など
もっと
「見て！」って
アピールして
いいと思うよ
なるほど…
まあ、それに
外見の変化に
敏感で
すぐ褒める男性は
女慣れしてるって
ことだから
彼は
不器用
なんだね
ン…？
つまり
よこい先生は
女慣れ
している…？
俺のは
仕事柄!!
もとは
不器用オタク!!

悩み5 彼が「どうでもいいこと」にこだわります。

人は誰しも、多かれ少なかれこだわりを持っているものです。そしてそれは、往々にして他人にとっては「どうでもいいこと」だったりします。

例えば「コーラはコカ・コーラ以外認めない」とか「リモコンはテーブルの辺に水平になるように置かないと気持ち悪い」とか「行列待ちしてでも、今日は絶対この店で食べる」とか……他人から見ると「それってそこまで大事か？」と思うようなことにこだわる人も少なくありません。

特にオタク男子は、こだわりが多いです。なぜなら、そもそもオタク趣味というのが、興味のない人にとってはどうでもいいことにこだわる趣味だから。そういう性質が強い人が、オタクになるわけです。もちろん私も、ご多分に漏れず、こだわり多めの人間です。

こうした「謎のこだわり」ですが、特に害はなくても、結婚を考えている相手のことだと「この人はなんで、こんなどうでもいいことにこだわるんだろう……」と不安に思うかもしれません。人間は、自分が理解できないものには不気味さを感じがちですから、そういう不安も分かります。

でも、理解できなくても、なるべくなら受け入れてあげてください。当人にとっては、大切なことなのです。

これは、ご自身のオタク趣味に当てはめてみると、分かりやすいと思います。例えば「逆カプはあり得ない」とか「公式が解釈違い」とか……他人には理解してもらえなくても、あなたにとっては譲れないこだわりがあったりしますよね。そして、そんなこだわりが、あなたの人格を形成する大切なピースだったりします。それに似た感覚なのです。

なので、人様に迷惑をかけない範囲であれば、許してあげてほしいと思います。

ただ、あまりにこだわりが多すぎる場合だと、さすがに付き合い切れないと感じることもあるでしょう。

私自身、オタク専門の婚活コンサルティングをしていると、会員さんの謎のこだわりの多さに閉口することがあります。いわく「身長は何センチから何センチの間」とか「年齢は」「性格は」などなど……同じオタクとしてなるべく会員さんのこだわりを受け入れてあげたいという気持ちはあるものの、「そんなにたくさんの条件を全部満たす人なんていませんよ！」と叫びたくなることも少なくありません。

では、そんな時どうするか？

まず、「なんでそこにこだわるの？」と理由を聞いてみます。すると、たいてい実に丁寧に理由を説明してくれます（なにしろオタクはこだわりを語るのが大好きですから！）。この時、その理由のすべてを理解する必要はありません。ただ「なるほど、そういう理由でこだわっているんだね」といったん受け止めてあげることがポイントです。その上で「なら、ここまで条件を広げても良いんじゃないかな」などと提案すると、現実的な妥協点が見つかったりします。

あとは、こだわりが多い人には「こだわりランキング」を作ってもらうこともあります。付箋にそれぞれのこだわりを書き、「譲れない順」に１位、２位、３位とランキングをつけて並べてもらうのです。そうやってこだわりの優先順位を視覚的に見えるようにするだけで、「ここは少し妥協しても良いかな」と気付いてもらえたりします。

あなたが彼のこだわりに困った時のヒントになると幸いです。

ひとことアドバイス

彼にとっては大切なことかもしれないので、なるべく受け入れてあげて。でも、付き合い切れないことは話し合って妥協点を探ってみよう。

俺、朝は絶対
コーヒー飲まなきゃ
ダメなんだよね
絶対
ブラックで！
ふーん
BLACK

俺、ジャンプ以外
少年漫画だって
認めてないから
オススメした
だけなのに…

ぐおお
腹が痛い
薬
それ
○×製薬のだろ
ハラ
ナオ～ル
キリキリ
キリキリ
俺は
ガ○ター10しか
受け付けないんだーッ

はあ～～～
SUGAR

どうして
無駄な
こだわりばかり
押し通すん
ですかねぇ…
せめて
デート中に
やらなければ
ねぇ…

こだわりすぎて逆に人生損しちゃってません？
柔軟性がないっていうか
うん…でもね

意外と女性もやっちゃってたりするよ
え⁉

そうですかねぇ〜？
とくにこだわりないっスよ
身長170cm以上

年収一千万円以上
都内在住
大卒
どれか一つでも欠けちゃダメ

もう少し条件をゆるくすれば一気に選択肢増えるんだけどねェ
うぐぐそこだけは…
自分のこだわりと向き合ってみよう！

オタク婚活
オタクによるオタクのための
悩み相談室
?
LIMITED HOBBY
AKIBA
?
!!

第3章

会話編

初対面からオタク話をした方が良いですか？

私の相談所は「オタク専門」を謳っているので、会員さんはみな、なんらかのオタク趣味を持っていらっしゃいます。

なので、「初対面の時から、自分のオタク趣味を明かした方が良いでしょうか？」「プロフィールにオタク趣味のことを書いた方がいいでしょうか？」と質問されることがよくあります。

特に女性の場合、普段はオタク趣味を隠して生活している方がほとんどですし、「自分のオタク趣味を明かすのは恥ずかしい」という感覚を持っていらっしゃる方も多いので、迷われるようです。

結論を先に言うと、最初から自分のオタク趣味を明かす必要はありません。と言うか、最初はオタク話をしない方が良いです。私の会員さんにも、そう薦めています。

なぜならオタク婚活とは言っても、結局のところ大切なのは人となりだからです。その点は普通の婚活と変わりません。

ところが最初にオタク話をしてしまうと、趣味の話に終始してしまって、お互いの人柄がよく分からないままお見合いが終わってしまう、ということになりがちです。なにしろ好きなことの話となると夢中になって一方的にしゃべり倒してしまうのは、オタクの常ですからね。

そうなると、その場では話が盛り上がったように見えても、その後に冷静になって考えたら「結局どんな人だったんだろう？」となって、交際には進まない……というケースがよくあります。なので、最初はオタク話をしない方が良いのです。

「でも最初からオタク話をした方が、趣味の合う人と出会いやすいのでは？」と思うかもしれませんね。

確かに、オタク婚活と言うと「同じ趣味を持つ相手と結婚する」というイメージが強いかもしれません。実際に私の相談所でも、それを求める会員さんはいらっしゃいます。しかし、私はいつも「そこにはこだわらない方が良いです」とお話しています。

そもそも一口にオタクと言っても、さまざまなオタクがいるわけです。同じ趣味であることにこだわると、選択肢が狭くなりすぎます。

オタク婚活で大切なのは、同じオタクとしてお互いのオタク趣味を尊重し、受け入れ合うことであって、必ずしも同じ趣味を持つ必要はありません。実際に私と嫁もそれぞれ別のオタクですし、成婚した会員さんのカップルも大多数はそうです。

それに、同じ趣味を持つ相手だと確かに最初は親近感を持ちやすいのですが、それがかえって「交際相手、結婚相手として相応しいか」という判断の目を鈍らせてしまうという罠があります。その結果、お付き合いしても関係が長続きせず、すぐに別れることになってしまうケースは少なくありません。10年ほど前にオタク婚活パーティーが流行りましたが、このオタク趣味のジレンマで失敗する人が多く、私も数多くの相談を受けたものです。

結婚相談所によっては「オタク男を呼び寄せるために、プロフィールにはオタク属性を書きましょう」と女性会員に指導しているところもあるようですが、私に言わせれば、それはあさはかな戦略です。そんなエサにつられて寄ってくるのは「同じ趣味の人なら、こんなダメなぼくでも受け入れてくれるかも」という甘ったれた男だけ。ちゃんとした結婚相手を探したいなら良い手段とは言えないのではないかと、私は思います。

ひとことアドバイス

むしろ最初はオタク話をしない方が良いです。同じ趣味にこだわるよりも、人となりを見極めて！

私
重度のオタクなんですが
やっぱりお見合いとかでは早めに申告するべきですよね…？

いや
絶対ダメ

え⁉で、でも言ったほうがスムーズじゃないですか⁉
私オタクでオタ！
よろしくお願いしまオタ！
隠してると騙してるみたいだし…

実はそれ逆なんだ
オタクって最初に言っちゃうと本質が見えないの

君が
どんな人物かも
わからないのに
あ、オタクの人
無理ですー
ってなるのも
勿体ないし

一番
よくないのが
盛り上がっちゃう
こと！

えー
○○好き
なんですか
今期のあれ
最高
でしたよね
私も
昔から
好きでぇ
今度一緒に
行きましょうよ

そしてすぐ
冷めたりする
うわ
新作ビミョ
ゴミじゃん
ハッ…
こいつの
どこが
良かったん
だ…？

オススメは
小出しに
していくことだね！
○○さんって
漫画好き
なんですか？
実は今
ハマってるのが
あって…
どハマり
して
カプ萌え
してる

御意！
じょじょに語尾を
オタクに
変えますオタ！
こん
オタ～
今
オタク
って
言って
ないヨタ
いったん
語尾から
離れようか

彼がオタク話しかしません。

オタク男性には、オタク話「しか」できない人が少なくありません。なにしろこれまでの人生、好きなこと以外にはとことん無関心な生活を送ってきたので、そもそも会話の引き出しが少ないのです。

それでも最初のうちは知らなかった世界の話が聞けて新鮮ですし、女性の側もマナーとして気を遣って「知らなかった！」「すごいですね」などと感心して話を聞くこともあるでしょう。

それを男が「ウケた！」と勘違いして、ますますオタク話しかしなくなり、さすがに女性もうんざりして私に相談してくる……というのも、オタク婚活ではよくあるパターンです。

これ、実は私も耳の痛い話です。

私も嫁と結婚する前、交際していた時代にはオタク話「しか」できないタイプでした。

だって仕方ないじゃないですか。それしか話題を知らないし、沈黙は怖い。それに、オタク知識を披露するのは、男にとってとても気持ちがいいのです（笑）。

私が幸いだったのが、嫁が割とズバズバ言うタイプだったことです。「その話、前にも聞いた」「くどい」「面白くない」とけちょんけちょんに言われて、「これではいかん」と一念発起して本を読み漁り雑学を仕入れるようになりました。

おかげで今では、どんな人とでもそれなりに会話できます。

みんながみんな、私と嫁のようなキャラではありませんから、さすがに誰にでも同じような荒療治は薦められないかもしれません。ただ、もし彼がいつもオタク話しかしないようであれば、それは「オタク話をしたくてたまらないから」というより「他に何を話せば良いか分からないから」である可能性は高いと思います。

ですので、まずはあなたから話題を振ってみてはいかがでしょうか。結婚相手を探しているわけですから、彼について知りたいことはたくさんあるはず。それを質問すれば良いのです。

最初は彼が口ごもるかもしれませんが、それは「答えたくない」というより「こんなこと話してもつまらなくないかな」と戸惑っているだけ。「趣味の話もいいけど、もっとあなた自身のことを知りたいの」と言えば、喜んで話してくれるでしょう。

それを繰り返していくと、彼も徐々に「こんな話をすれば良いんだ」と学習していきます。オタク男を落とすには、質問力が大切なのです。

あるいは、あなた自身が話し好きなのであれば、「ねぇねぇ聞いて！」とあなたから話すのも有効です。一般の恋愛テクニック本ですと「おしゃべりな女は嫌われる！」「聞き上手な女がモテる！」などと書かれていますが、ことオタク男性相手の場合は、そうとは限りません。「話すのが苦手なので、人の話を聞いている方が好き」という男も少なくないのです。

その上で、「私はこう思うけど、あなたはどう思う？」などと話を向けていけば、会話らしくなってきます。

もちろんどうやっても会話が弾まない相手もいるので、そういう場合は別れても良いでしょう。でも、もし彼のことが少しでも気になっていて、なんとかしたいと思ったら、まずはこうした手段を試してみてください。もしかしたら、彼の新たな魅力を発見できるかもしれませんよ。

ひとことアドバイス

「オタク話をしたい」というより、何を話せば良いか分からないだけかも。まずはあなたから話を振ってみて。

最初は無難な話しかしなかったのに
いい天気ですね

今では口を開けばオタク話
しかも止まらない
今期のアニメ
声優
ゲーム

さりげなく話題を変えようとしても
そ、そういえばさ○○駅に新しいカフェができたって
○○駅といえば『うさごち』の聖地ですね

す〜ぐオタク話に接続されてしまう……
ベラ
ベラ
主張強いWi-Fiかこいつ⁉
ベラ
ベラ
Wi-Fi
Tsunagari-Ai

なんかもう疲れちゃって
ハッキリ言っちゃえば？オタク話面白くないって
えーでもそれだと傷つけちゃいませんか？

仕方ないよ

彼は君が
『合わせてる』ことに
気付いてない
本気で
『相手も楽しんでる』と
思い込んでる
可能性が高い

まあ指摘すれば
当然ショックを受ける
だろうけど
そんな…
オレって…
それで改善
することも
あるし…

俺は
言ってもらって
ありがたかったなぁ
経験者だった……
とおい目…

でも！
最初に合わせて
話に乗ったのも
悪いよ～
「あっいいんだ！」
って思っちゃう
じゃ～ん？

え？
その迫力なら
きっと彼も
変わってくれるね

悩み3

話していてとても楽しいのですが……時々レベルの低さを感じます。

よく漫画で、真面目な女の子と、ちょい悪な男の子の恋愛を描いた作品がありますよね。生徒会長と不良学生とか、お嬢様学校の生徒と底辺高校の生徒とか、公務員とバンドマンとか……バリエーションはいろいろありますが、「退屈な日常から連れ出し、新しい世界を見せてくれる」というシチュエーションに憧れる女性は一定数いらっしゃいます。

アレって実際どうなのでしょうか?

もしあなたがそういう関係に憧れていたなら申し訳ないのですが、残念ながら現実にはうまくいきません。アレはフィクションだから楽しいのです。

あるいは「つかの間の恋愛」として楽しむだけならいいのかもしれませんが、結婚を前提に考えるなら成立しないと思います。

なので私は、結婚相談所の入会時に、子供の頃のお習い事や、行っていた学校のことを詳しく伺っています。

「婚活まで学歴で決まるの?」と思うかもしれませんが、そこから育ってきた環境のレベルや価値観が見えてくるのです。そういうレベルがあまりに違うカップルはやはりうまくいかないことが多いので、マッチングの際に活用しています。

冷静になって考えてみてください。

例えば小さいことからお稽古や習い事、塾にみっちり通い、国公立や有名私立大を卒業した人と、高卒で働きに出た人とでは、結婚して子供ができた時の教育方針が違ってきても当然ではないでしょうか?

あるいは、お金に苦労せず生きてきた人と、貧しい家庭で育った人では、残酷なようですが金銭感覚が一致しません。

休みの日にパチンコを打ちに行く人と、図書館や美術館に行く人では、日常生活で求めるスタイルも異なります。いくらオタク婚活が「お互いの趣味を尊重するもの」だと言っても、結婚生活を送るのに支障をきたすレベルです。

たまに「彼のダメなところは私が支えてあげるの」というダメンズ好きな女性もいらっしゃいますが、あなたが良くても彼がコンプレックスを感じてうまくいかないケースも少なくありません。あるいは彼がヒモになってしまい、どんどんダメ人間になっていく可能性もあります。慈愛の心を持つことは大切ですが、それだけですべてが解決できるわけではないのです。

もちろん、だからといって「学歴は絶対ＭＡＲＣＨ以上！」とか「ご実家の資産は何億円ないと」などと、そんなことにばかりこだわってもダメですが……まったく気にしないのも問題だということです。

ものには限度があります。やはり自分と同じ程度の生活水準、教育水準で育ってきた相手との結婚が、一番うまくいくのです。

会話の端々からレベルの違いを感じつつも、「話していて楽しいから」とズルズル交際を続けてしまう女性もいるのですが、結婚を前提に考えるなら、お付き合いは早めに見直しましょう。そういう相手とは「良いお友達」くらいの関係にとどめておくのが、賢明というものです。

ひとことアドバイス

いくら楽しくても、生活水準や教育水準が違う相手との結婚はうまくいきません。「良いお友達」でいましょう。

ガシャーン
あ!!!

画面が～!!
BAKI★BAKI
すみません
僕が
ぶつかったから

いえ
大丈夫です
ちょうど
買い替えようと
思ってたので
割れても末に
買わんとぞ
思ふ～…
あはは…
えっ
まだ月初
ですよ?

?
月末まで
そのまま
ですか?

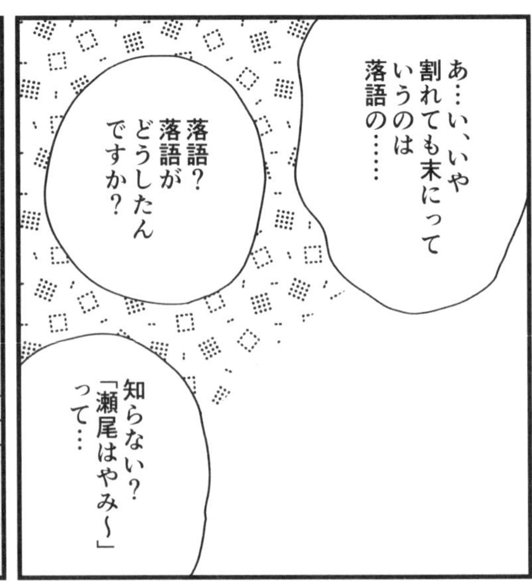
あ…い、いや
割れても末にって
いうのは
落語の……
落語?
落語が
どうしたん
ですか?
知らない?
「瀬尾はやみ～」
って…

あ!
「ちはやふる」
の話?
そうだけど
そうじゃない

その後も…
このグッズうけるリストのリストバンド（笑）
リストって誰ですか？
GOODS
スロイプ先生？

眠い〜でもまだ寝たくない〜あ〜二律背反ッ
にり…？
えっと…アンチノミー？
……

ドバ
どうした⁉

すみません僕に知識がないからあずささんの話わからなくて
ドー
えっいや…

私の知識（っぽいやつ）はオタ活してるうちに覚えただけなんで……
歴史ゲームとか
舞台とか
だから…えっと…

一緒にハマりましょう
舞台
刀剣舞
割れても末に合わんとぞ思う…ね

悩み4

彼が自分のことばかり話して、私の話を聞いてくれません。

オタクはコミュ障が多いわけですが、コミュ障ってどんなイメージですか?

話すのが苦手で、基本的に無口。そんなイメージではないでしょうか。

確かに、それも一つの典型です。ただし、別のパターンもあります。今回の悩みのように、一方的に話して、人の話を聞かないタイプです。

私もこのタイプのコミュ障の気があるので分かるのですが、こういう人は、とにかく他人の話をじっと聞くのが苦手なのです。その反動で、自らベラベラと話す癖があります。

よくしゃべるので一見コミュ障には見えないのですが、本当にコミュニケーションがうまい人は、相手や場面に応じて話すことも聞くこともできるものです。いつでも一方的に話し、言葉のキャッチボールができないなら、やっぱりコミュ障なのです。

ただし、コミュ障だから結婚できないというわけではありません。「無口タイプとおしゃべりタイプ」の組み合わせなら、コミュ障同士でも案外うまくいったりします。要は相性なのです。実際、私の相談所の会員さんでも、そうした組み合わせで成婚しているカップルはたくさんいらっしゃいます。

逆に「無口タイプと無口タイプ」「おしゃべりタイプとおしゃべりタイプ」の組み合わせだと、コミュニケーションがまったく成立せず、やはりうまくいきませんね。なので私は「自分と似たタイプの人はやめた方がいい」と会員さんに伝えています。

そういう意味では、もし彼が今回の悩みのようにおしゃべりタイプで、あなた自身もおしゃべりタイプの場合は、お付き合いを考え直しても良いと思います。

　また、仮にあなたが無口タイプで、おしゃべりタイプの彼と相性が良かったとしても、時には自分の意見を聞いてもらいたいこともありますよね。

　そんな場合は、漫才のボケとツッコミを意識してみましょう。

　漫才では普通、ボケ役の人がしゃべくり倒して、ツッコミ役の人は基本的に相づちを打ちながら話を聞いていますが、ここぞというところで二言三言、鋭くツッコミを入れます。あのイメージで会話するのです。もちろん、彼がボケで、あなたがツッコミです。

　おしゃべりタイプの彼は、人の話をじっと聞くのが苦手ですから、ツッコミのように端的に伝えた方が、話を聞いてもらいやすくなります。それに、どんな話も漫才のようにユーモアに包めば、伝えやすいですよね。

　ちなみに、逆にあなたがおしゃべりタイプで、彼が無口タイプという組み合わせの場合でも、やはりボケとツッコミが役に立ちます。この場合は、あなたがボケで、彼がツッコミです。

　いくらあなたがおしゃべりタイプと言っても相手から何のリアクションもないと、もの足りないですよね。そういう時は、ボケてください。彼がツッコミやすいように、なるべく分かりやすくボケるのがポイントです。

　それだけで、もっと二人の会話が弾むようになるはずです。

　考えてみれば、夫婦漫才は漫才の基本。日本の知恵なのかもしれませんね。今まで見てきた会員カップルもみんな「ボケとツッコミ」でうまくいってます。

ひとことアドバイス

それも一種のコミュ障。ボケとツッコミを意識すると会話しやすいかも！

どう？
彼のオタク話
止まった？
「悩み2」の
やめて！
ハッキリ言ったら
だいぶ
おさまりました

でも相変わらず
話が長くて
止まらなくて…
会話の
悩みだね

会話には
3通りあって…
①喋るコミュ障
②喋らないコミュ障
③相手によって話し方を
変えるコミュ強
彼の場合は
①だね

え？
オレ喋れるよ？
コミュ障じゃ
なくね？
って人が
多いけど…

キャッチボール
できてない限り
コミュ障なんだよな
えっ
あっ
あっ
だけが
コミュ障じゃ
ないんですね…

コレは聖剣エクスカリバーを模したモノで
材質は紙であり威力もさほどだが効果は強力だ
使用者の力量によって場の支配力が
ペラ ペラ ペラ
話が長い!!!
パァン
おうふ

体が自然にツッコミを!?
そう! まさしくハリセンの力（パワー）!
長話はツッコんで漫才にしてしまおう!

ちなみにソレは我がよこい家に代々伝わる家宝で
もうええて
スパァン

悩み5 彼が高学歴すぎて、何を言っているか分かりません！

実はオタク男性って、意外と高学歴な方が多いです。私の相談所の会員さんの中にも、東大や京大などの国公立大学、早慶ＭＡＲＣＨなどの有名私立大学を出たエリートオタクがたくさんいらっしゃいます。

そうすると何が起こるかと言うと、「彼が何を言っているか分かんない！」という問題です。なにしろ彼らは知識の量が違いますから、普段の生活でも、一般人は知らないような専門用語を何の説明をなくバンバン使ったりします。彼らにとっては、それが普通の会話なのですね。

すると、「そもそも使っている言葉の意味が分かんない」「宇宙人と話しているみたい」といった気持ちになる女性が出てきます。別の項目で「生活水準や教育水準が違う相手との結婚はうまくいかない」という話をしましたが、その一例とも言えるでしょう。

ただし「女性より男性の方が高学歴」という場合には、ワンチャンあります。「よく分からないので教えて？」と彼にお願いすれば良いのです。

「こんなことを聞いて、馬鹿だと思われないかしら」と不安に思うかもしれませんが、大丈夫。なぜなら彼らはオタクで、オタクは自分の知識を披露するのが大好きだからです（もしロクに説明もせず「こんなことも知らないのか」と馬鹿にしてくるような相手なら、お付き合いを考え直した方が良いです）。

もっとも、彼が説明してくれても、それでもよく理解できないということはあり得ます。なぜなら高学歴の人ほど、正確に伝えようとするあまり、やたらとただし書きの多い、回りくどい説明をする傾向があるからです。彼にしてみれば丁寧に説明しているつもりなのですが、それがかえって素人には複雑すぎて分かりにくい説明になってしまうのです。

そういう時、決してやってはいけないことがあります。それは、「私馬鹿だから、やっぱり分かんない」と理解を諦めてしまうこと。これは彼にとってコミュニケーションを放棄されたのと同じ意味で、あなたが思っている以上に彼を傷つけてしまいます。

では、どうすればいいのか？

ここで活躍するのが「○○に例えるとどういうこと？」作戦です。よくネットで「ガンダムに例えると……」という言い回しがありますが、アレです。もちろん、ガンダムでなくても構いません。あなたがよく知っている、身近なものに例えて説明してもらうのです。

そうすると、細かいところはともかく、大まかなイメージだけは理解できるはずです。

ちなみに実はこれ、あなただけでなく、彼にも良いことがあります。なぜなら、分かりにくいことを分かりやすく話す訓練になるからです。

そして、分かりにくいことを分かりやすく話せる人は、世間でとても重宝されます。ＮＨＫの「週刊こどもニュース」で有名になった、ジャーナリストの池上彰さんはその代表格ですね。池上彰さんに限らず、学者やドクター、ジャーナリストなどは、彼女ができたり結婚したりすると「言葉が丸くなったね」と周りから褒められたります。

あなたの質問が、彼をより成長させるのです。ですから、恥ずかしがらずに、分からないことはどんどん質問しましょう。

ひとことアドバイス

分からないことを質問するのも、二人の絆を強めるチャンス！　あなただけでなく彼の成長にもつながり、一石二鳥です。

あのう
先生……
もじ…

私って
バカですか⁉
なにいきなり⁉
そんなことないよ⁉

カレが
高学歴
なんですけど
話が難しくて
わかんなくて…
何語⁉って
感じでぇ…

ついていけないと
「なんで
わかんないの？」
って
見下して
くるんですぅ…
絶対バカにして
ますよね⁉

うーん…
逆かな！
逆…って…⁉

先生まで
私に
わからない
ことを…
ちゃう
ちゃう
グヌヌ

彼はね
キミを対等に
見てるの！
同じ目線で
話せる相手として
扱ってるんだよ！

「なんで
わからないの?」
「この人なら
理解できる
はずなのに」
ってコト
なんだよね

えぇ〜〜〜…？
もじ
もじ
彼のこと
好きなのねぇ
フフフ

ま！
わかんないときは
素直に
「わかんない
教えて！」
って
言うといいよ！
イラっとせず
伝えるのが
ポイント

そして…

「高学歴カレ
翻訳アプリ」
作りました♡
その日はMTGに
アサインされてる
からバッファとっ
てリスケでキャッ
チアップでキックオ
その日は
無理め
またでよろ☆
めちゃくちゃ
頭いいじゃん

悩み相談室

第4章

フィーリング編

やたらと私を下に見てきます。

「亭主関白」という言葉があります。夫が関白（ざっくり言えば昔の公務員で一番偉い人）のように家庭を支配し、妻がそれに従うあり方です。この亭主関白を歌った有名な曲に、さだまさしさんの「関白宣言」というのがあるのですが、ご存じでしょうか？

ちょっと前、テレビの懐メロ番組でこの「関白宣言」が取り上げられた際、ゲストの若いタレントが歌詞を聴いて「やだ〜」と拒否感を示したことでプチ炎上した事件がありました。

実は「関白宣言」という歌自体は、文字通り亭主関白を宣言するものではなく、最後までちゃんと聞くと、亭主関白を装って妻への深い愛情を歌ったものであることが分かります。ただ、その一方で「亭主関白を装う」というコンセプト自体に拒否感を覚える世代が出てきたんだなあ、と妙に感心した記憶があります（ちなみに「関白宣言」は1979年に発表された曲ですし、その後さだまさしさんは「関白失脚」というアンサーソングも発表されています）。

何を言いたいかというと、夫婦のあり方、感じ方というのは本当に人それぞれだ、ということ。

さすがに令和の時代、亭主関白のような男尊女卑の考え方は、都市部では絶滅したと言えるでしょう。ただ、地方に行くと、まだ色濃く残っていることもありますので、女性会員さんから今回のような悩みを相談されることもあります。

そういう場合、男性会員さんには「今時そんなことを言っていたら結婚できませんよ」などとアドバイスするのですが（実際なかなかマッチングしません）、納得していただけないことも多いです。なぜなら、ほとんどの場合、本人は特に自分が男尊女卑の考え方を持っているとは感じていないからです。

これは、仕方ない部分もあります。そういう文化の中で育ってきたので、その人にとってはそれが当たり前になってしまっているのです。「何がおかしいの？」という感覚です。長年かけて育まれた価値観を変えるのは、そんなに簡単なことではありません。

ですので、女性会員さんには「彼はそう簡単に変わらないと思うので、つらい、無理だと思ったら別れてください」とお伝えしています。

もっとも、そんなに極端な男尊女卑の思想を持っている人は少ないにしても、男女とも、誰しもがお相手にはなんらかの性役割を無意識に期待しているものです。普段はそんなことを意識していない人でも、いざ結婚相手を考える段になると「夫（男）にはこうあってほしい」「妻（女）にはこうあってほしい」という希望が出てきます。なので、それが絶対に悪いという話ではありません。

例えば最近だと夫婦共稼ぎで家事分担というスタイルが一般的になりつつありますが、それでも専業主婦を希望される方というのは一定数いらっしゃいます。でもそれは、「妻には家にいてほしい」という男性と、「夫に養ってほしい」という女性でマッチングすれば良いわけです。

要は、あなたがその価値観を受け入れられるかどうか、それ次第です。絶対的な正解はありません。地域以外に、どんな家庭で育ったかによっても夫婦観は違いますし、本当に人それぞれなのです。

ひとことアドバイス

無意識の男尊女卑は変えるのが難しい。受け入れられない、無理だと思ったら別れてＯＫ！

結婚したらパートに出たい？とんでもない家を守るのが女の仕事だろ

はぁ～女の運転はこれだから
男に任せておけばいいんだよ
ププー

やかましい!!
女は三歩下がって男の後ろについてこい！

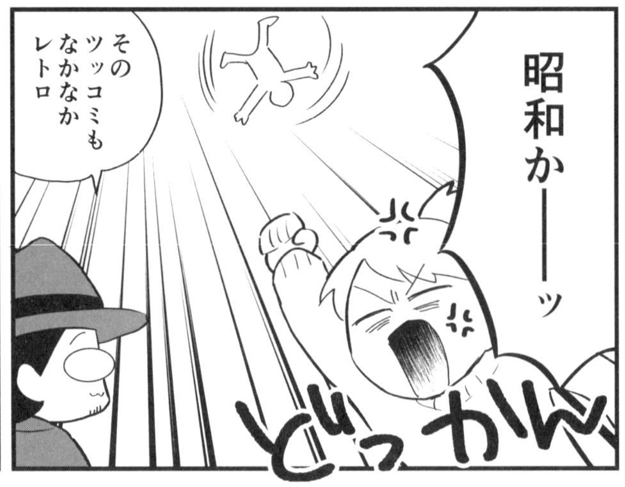
昭和かーーーッ
そのツッコミもなかなかレトロ
どっかん

いやこんな人と誰が結婚したいんですか!?

うーんまあ
相談所でも
うまくいかない
人が多いねー
でしょうとも

でも
まるっきり
需要がゼロかというと
そんなこともなくて…

男性に
ついていく方が
楽っていう
女性もいる
女は家を
守るもの……

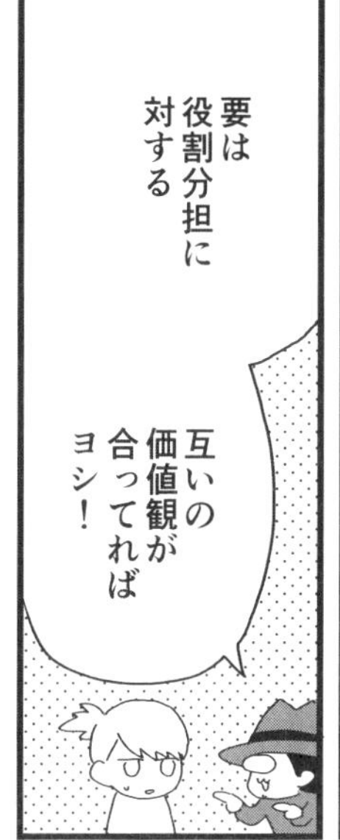
要は
役割分担に
対する
互いの
価値観が
合ってれば
ヨシ！

となると…
やっぱ私は
対等に
付き合える
人がいいなァ
…いや

いっそ私が
イニシアチブを
とるのも
悪くないカモ…
しょうがないな
うへへ
なんか
別モノに
なってない？

悩み2 彼からバーキンをもらいました。受け取っていいのでしょうか？

私は正直なところブランドには詳しくないのですが、それでもエルメスのバーキンという名前は知っています。超高級なバッグですよね。ちょっと調べてみたら、定価で100万円以上して、しかも注文してから何年も待たないと手に入らないとか……。

そんな超レアなプレミアアイテムを贈られたら、驚いてしまいますよね。もちろん嬉しさもあるかもしれませんが、それよりも「こんなに高いもの、もらっていいの？」と戸惑う気持ちの方が大きいでしょう。中には、ちょっと怖さを感じてしまう人もいるかもしれません。

でも、バーキンに限らず、交際女性にいきなり高価なプレゼントを贈る婚活男性というのは意外と少なくありません。

なぜなのか？　考えられる理由は二つあります。

一つは、「本人はそこまで高価だと思っていない」というパターン。これはオタク婚活だとあまりいないタイプではあるのですが、ご本人が普段からブランド品の服やアクセサリーを身につけており、プレゼントもその価値観で選んでいるというケースです。こういう人はプレゼント慣れしており、渡し方もさりげないです。

そしてもう一つは、「プレゼント慣れしていない」というパターン。オタク婚活だとこちらのケースが多いでしょう。プレゼント慣れしてない人は、何を贈れば女性が喜ぶか分からないので、「高ければいいだろう」「高級ブランドなら外さないだろう」と一点豪華主義に走りがちです。そのためにキャッシングまでして、普段は絶対に買わないブランド品を買ってくるのです。なので、やたら恩着せがましくプレゼントしてきます。

どちらの方が安心してプレゼントを受け取れるかと言えば、圧倒的に前者でしょう。

ただ、いずれにしても結婚相談所では、基本的に高価なプレゼントのやり取りはしないように伝えています。交際がうまくいかなかった時、トラブルの原因になるからです。

特に男性側が無理してプレゼントをしていた場合など、「これまであげたプレゼントを返せ！」などと言われたりします（もちろんプレゼントなのですから返す義理はないのですが……）。

実際に、女性会員から「彼と食事へ行って、おごってもらったのですが、なんか恩着せがましい態度だったのがイヤで、翌日別れました。そしたら、スマホにペイペイで食事代の請求がきたのですが……」という相談を受けたこともあります。私が男性側の仲人さんに確認したところ、さすがに彼もマズイと思ったのか「冗談で請求しただけ」と言い訳していましたが……結局、彼女は恐怖を感じて退会していきました。

これは極端な例ですが、そこまで悪質なケースは少ないにしても、高価なプレゼントはなにかとトラブルになりがちです。それに、仮にトラブルにならないにしても、あなたが「こんなもの、受け取れない」と感じるようなプレゼントをしてくる相手とは、他の部分でも価値観や金銭感覚が合わないはずです。そういう相手と結婚しても良いことはありませんから、プレゼントも「相談所に止められているので、お気持ちだけいただきます」などと角が立たないようにお断りしましょう。

もちろん、あなたが自然体で受け取れるプレゼントなら、受け取ってもOKですよ！

ひとことアドバイス

プレゼントからは、相手の金銭感覚や価値観が見えるもの。合わないと思ったら受け取るべきじゃないし、交際もやめておいた方がいい！

りのさん
お待たせしました
△△さん！
こんばんは

あの…これ……
プレゼント…です…
ピカーーッ
えっ!?こ、これ
すっごく高いんじゃ

りのさんの
ために
頑張って
買いました……!!
ゼー
ゼー
ゼー
ボロォ…
BRAND
ギャーーーッ!?

このために
会社の前後
バイトして
食費切り詰めて
キャッシング
して……
あっ
目まいが
ヨボ
ヨボ
うっ
受け取れる
かぁーーーッ

ーーって
ことが
あって…
あーそれは
受け取っちゃ
ダメなやつだね

高いモノを
あげれば
関係が続くって
短絡的に
考えてる人も
いるから…
ピロン

△△さん
請求書
○月○日　食事代
¥ⅡⅡⅡⅡⅡ
○月○日　映画
¥ⅡⅡⅡⅡ
○月○日　カフェ
¥ⅡⅡⅡⅡ
○月○日　バッグ

ひえぇっ
こ…これは
今までのデート代の請求…!?

は、早くブロック！相手の相談所にも話通すから！
はっはいィ…
……ん?

…あの…そのバッグは…
え?

可愛かったんでやっぱもらっちゃいましたぁ☆
いますぐ返してきなさい!!
い相談

空気が読めない彼に困っています。

「周りを気にしないで我が道を行く」
「興味のないことには徹底的に無関心」
「そのくせ、どうでもいいことにこだわる」

これまで他の項目でさまざまなオタク男性の性質を紹介してきました。そうした性質が遺憾なく発揮されるのが（発揮しなくていいのですが……）会話の場です。

そう。オタク男性は、とにかく空気を読めません。「今、そんなこと言う必要ある？」と思うような発言で場を凍り付かせたりするのは、お手のものです。

それでも、あなたと二人きりの時の会話なら、あなたが慣れればいいだけかもしれませんが、困るのが他の人も一緒にいる時の会話です。結婚を前提にしたお付き合いを続けていけば、あなたのご両親やお友達のいる場に、彼と一緒に参加する機会が増えていきます。そんな場面で、もし彼が空気の読めない発言をしたら……と心配して、私に相談してくる女性会員さんも少なくありません。

安心してください。バッチリの対処法があります。

まず、彼が空気を読まない発言をしたら、すかさず彼にツッコミを入れてください。そうすることで彼の発言を強制的に「ボケ」にでき、凍った空気をすぐに温めることができます。漫才のボケとツッコミを会話に応用するテクニックについては別の項目でもお伝えしましたが、こんな場面でも有効です。

そして、彼にツッコミを入れたら、すぐさま周りの人に「彼が変なことを言ってすいません」「この人、ちょっと変わってるんです」などと謝りましょう。彼としては別に変なことを言ったつもりはないので不満げな顔を見せるかもしれませんが、あなたが周りに謝っている姿を見れば「よく分からないけど、自分は何かマズいことを言ってしまったんだな」と察して、それ以上は何も言わないはずです。

さらに、その場を後にしたら、彼と反省会です。

ただし反省会と言っても、一方的に彼にダメ出しするだけではダメです。それでは彼が反発するかもしれません。

そこでダメ出しの前に、まずは彼がなぜそんな発言をしたのか理由を訊ねましょう。きっと彼なりの理由があるはずです。その理由を聞いて、「なるほど、そういうことだったんだね」といったん彼の意見を受け止めてあげる。これが、ポイントです。

あるいは、もし付き合いが長くて、彼の発言の理由を察することができるなら、「こういうことだったんでしょ？」と聞いてもOKです。

こうすることで彼は「この子だけはぼくを分かってくれる、唯一の理解者なんだ」という気持ちになり、そんなあなたの言うことならば、と素直に話を聞いてくれるようになります。その上で、「だけどね」と彼の発言の何がいけなかったのか説明してあげるのです。

私も失言が多くて、よく嫁から「あの言い方はないわぁ」と叱られます。でも、嫁が私のことをちゃんと理解してくれていると分かっているので、「自分が否定されているわけではなく、自分のためを思って叱ってくれているんだ」と思えます。だから、そんな嫁のためにも、ちゃんとしなきゃと感じるのです。

あなたも彼にとっての、そういう存在になってあげてくださいね。

ひとことアドバイス

彼の失言をうまくフォローすれば、彼にとって「唯一の理解者」ポジになれるかも。ピンチはチャンスです！

メイク変えて
みたけど
派手かな〜
ドキ
ドキ

あれっ
今日いつもと
違いますね
なんか
気づいて
くれた！

目のところ
殴られた
みたいに
なって
ますよ（笑）

ちょっと
大人っぽく
してみたん
だけど
えー
似合って
ないですよ（笑）
こいつ!!

この店
いつも
ガラガラで
穴場なんですよ〜
……
聞こえて
るって

うわー
高いなぁ
材料費
安そうなのに
ぬわ〜〜〜ッ
ハンドメイド アクセ

いい加減にしてください
なんですぐ失礼なこと言うんですか⁉
え？そんなこと言った⁉
自覚ナシかよ

す、すみません僕…思ったことすぐ口に出ちゃうみたいで
悪気ないからいいってわけじゃないですよね⁉

はい…その通りです
しゅん…
すみません

ダメな時は私が指摘するので覚えてください
あと……

え？天才ゆえに失礼発言しまくる名探偵風にイメチェンさせた？
う〜ん
彼がいいならいいんじゃない

彼が私とのことを何も真剣に考えてくれていない気がします。

婚活とは結婚を前提としたお付き合いをするものですから、交際が進むにつれて当然、彼と将来についていろいろと話し合うことが増えてきます。そうするとよく出てくるのが、今回のような相談です。

例えば、結婚後の将来設計について話していても、彼から具体的な意見が何も出てこない。たまに何か言ったと思ったら、「ラノベの読みすぎじゃないの」と思うような甘い考えばかり。私はいろいろ情報を集めて今後の計画を考えているのに、彼はその場の思いつきで話してくる……。

そんなことが続くと、女性としては「この人、本当に私との結婚を真剣に考えているのかしら」と不安になっても仕方ないでしょう。

まず、そんなあなたの不安を解消するために言っておくと、彼は決して、あなたとのことを真剣に考えていないわけではありません。

ただ、その一方で男性というのは、何ごとにおいても「アレコレ心配しても、なるようにしかならないし、だいたいなんとかなる」という感覚を持っているのです。それが女性から見ると、いい加減で、何も考えていないように見えるのでしょう。

まあ確かに、ある意味では何も考えていないわけですが……でも、そういったいい加減さを持っているからこそ男性は未知の世界にチャレンジできる、という側面もあります。結婚についてもそうで、もし男性が結婚後についてアレコレ心配しだしたら、不安で前に進めなくなるでしょう（実際、それで「男のマリッジブルー」になる人もいます）。

ですから、結婚に向かって突き進んでいくためには、男はいい加減なくらいでちょうど良いのです。

「なんでそこまで男を甘やかさなきゃなんないの」と思うかもしれませんが、もちろん一方的に甘やかせということではありません。彼を甘やかす代わりに、逆にあなたが苦手なことについては、あなたが彼に子供のように甘えればいいのです。これなら、バランスが取れます。

このバランスが取れていれば、結婚生活はうまくいきます。夫婦の支え合いって、実はそういうことなのです。

とはいえ、あまりに無計画すぎても立ち行かなくなりますから、そこはあなたがフォローしてあげてください。

男性に「頼りがい」を求める女性は多いですが、すべてにおいて完璧な人間はいません。誰にだって不得意なことはあります。

だから、あなたの方が得意なことについては、あなたが彼の手を引いてあげればいいのです。例えば結婚式の段取りなどは、女性が主導して決めていった方がたいていうまくいきます。

なので、私はよく女性会員さんに「男性は子供だと思って接すればいいよ」と伝えています。子供だと思えば、できないことがあっても当然だと思えますし、そんなことで不安になったり腹を立てることもなくなりますよね。精神衛生上とてもいいはずです。

ひとことアドバイス

真剣じゃないわけではなく、苦手なだけ。結婚についてのアレコレは、女性が主導して決めた方がうまくいきます。

先生、
以前(※)
男性は子供だって
言ってましたけど
あれって
何故なんですか？
※一章の「悩み1」

うーん
俺の持論
なんだけど

〝危機感〟
がないから
じゃないかな？
危機感？

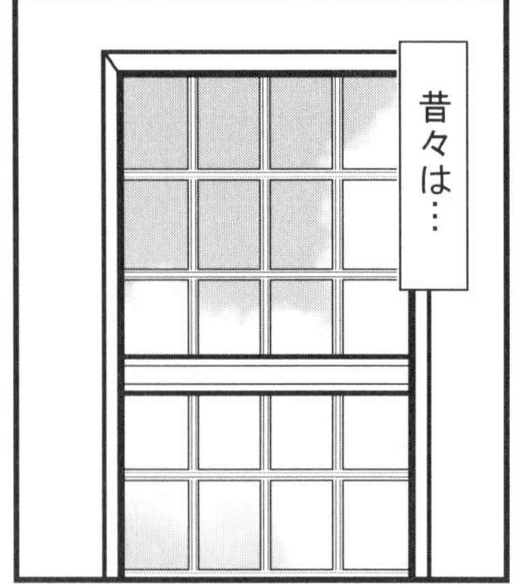
昔々は…

男性が
狩りをし
外敵から
家を守り
守られる側の
女性・子供は
そんな男性を
立てて暮らしてきた

戦争、
高度経済成長期…
ずっと
変わらな
かった
でも……

現代は
女性の地位が
見直され
女性が
強くなってきた

男にしか
できないことは
ないってぐらいに
なった

稼ぎ

付き合って1年たちますが、彼が私の食の好みをいっこうに分かってくれません。

「彼って、どんな食べものが好きなの？」

「嫌いな食べものは？」

これって少女漫画では定番の質問ですよね。多くの女性にとって一大関心事なのだと思います。なので女性はお付き合いを始めると、彼が食べる様子を実によく観察しています。

「この料理、よく食べているな。好物なのかな？」

「この皿にはあまり手をつけなかったな。苦手なのかな？」

普段からそんなふうに彼の様子を見て、好みを推し量っているので、1年も付き合えば彼の食の好みはだいたい把握しているという女性も少なくありません。

そういう女性からすると「1年も付き合っているのに私の好みが分からないって、どういうこと？　私に興味がないの？」と思うかもしれませんね。

決して、そういうわけではありません。

ただ、ほとんどの男性は他人の食の好みに無頓着なのです。女性と違って、一緒に食事をしていても相手が何を食べているかなどまったく見ていません。基本的に「勝手に好きなもの食べれば良いやん。俺もそうするし」という感覚なのです。それは彼女相手であってもです。

実際に、彼がデートで彼女を意気揚々と銀座の高級寿司店に連れていったら、実は彼女が魚を苦手で、かんぴょう巻きとおしんこ巻きしか食べられずに帰ってきた……という笑えない話もあります。それくらい、男は他人の食に無頓着なのです。

たまに、事前に「食べられないものとかアレルギーとかある？」と聞いてくる気の利いた男性もいますが、そういう人はだいたい営業職ですね。仕事の接待で覚えたのでしょう。そういう理由でもなければ、男性は他人の食の好みなど気にしない生きものなのです。

とはいえ、ある程度は彼にもあなたの好みを把握しておいてもらわないと、お付き合いする上で困りますよね。それこそ「銀座高級寿司店の悲劇」の再来になりかねません。

では、どうすればいいか？

答えは簡単で、普段から自分の好きなもの、嫌いなものをアピールしてください。「私のこと、分かってくれません」という女性はたいていアピール不足です。「好き嫌いを口にするなんて、はしたない」という意識が強いので、言わずに彼に察してもらおうと考えています。でも、それは無理なのです。

男性に自分の好みを覚えてもらおうと思ったら、子供のようにアピールするくらいでちょうどいいでしょう。

例えばデートで好きな食べものが出てきたら「私、これ好き！　お代わりしていい？」」、嫌いなものが出てきたら「これ苦手なんだよね……もったいないから、あなたが食べて！」という感じでOKです。

「あまり好き嫌いをアピールすると、ダメな女だと思われない？」と不安に思うかもしれませんが、よほど極端な偏食家でもない限り大丈夫。オタク男性は「目玉焼きには絶対しょう油」とか「コーラはコカ・コーラに限る」とか、自分も謎のこだわりを持っていることが多いので、他人の好みも尊重する傾向があります。むしろ、あなたのこだわりを教えてもらった気がして、嬉しく感じるでしょう。

ですから、恥ずかしがらずに堂々とアピールしてください。

ちなみに、私はトマトが嫌いです！

ひとことアドバイス

男性に何も言わずに食の好みを察してもらうのは無理ゲー。好き嫌いは子供のようにアピールしましょう。

レストランにて
や～～だ～～

トマトきらい～とって～っ
ママがかわりに食べてよ～
あらあら…微笑ましい

私も言いたいッ
この丸ごとトマトのカレーが
超オススメなんですよ
トマト嫌～い!!

なんでこの人私がトマト食べられないの覚えてくれないの!?
トマト♡

女の人ってトマト好きですよね
い、いや私は…
MENU
トマト系多いですね～
う、うん…私はクリームパスタかな
MENU

あんなにアピールしたのに!!
いやできてないできない

だから…

子供のように

Shout it!!

あたしトマト食べれないの——ッッ

キィーーン

悩み6

彼がなにかと自慢してきて、正直うざいです。

あなたは楽しく会話をしたいだけなのに、彼が話の端々にちょいちょい自慢を差し挟んでくる……という悩みも、よく聞きます。

例えば、あなたが大学時代の思い出話をしていたら「(もっと偏差値の高い)ぼくの大学ではこうだったな」、職場の話をしていたら「(もっと大手の)うちの会社では……」といった具合です。

別に出身大学や勤務先で張り合うつもりはないし、マウントを取られているようでイヤなんですけど!

内心そう感じる女性は少なくないでしょう。

これ、実は彼にしてみると、あなたに張り合ったり、マウンティングしているつもりはなかったりします。

では何をしているのかというと、アピールです。

孔雀という鳥がいますよね。孔雀のオスは繁殖期になると、見事な飾り羽を大きく広げて、メスに「ぼくを選んで!」とアピールします。要はアレと同じです。

オスの本能に従って、「こんなに良い大学を出て、こんなに良い会社に勤めているぼくを選んで!」とあなたにアピールしているわけです。

何とも不器用なアピールですが、「あーまた羽を広げてるなー」と思えば多少は腹も立たなくなるのではないでしょうか。

ちなみにオタク男性ほど、こういう不器用なアピールをしがちだったりします。

それはなぜかというと、自信がないから。自分の魅力に自信がないからこそ、出身大学や勤務先といった飾り羽でアピールせずにはいられないのです。

彼の自慢を聞いて「確かに私の出身大学より偏差値は高いけど、自慢するほどの大学?」「自慢するほどの会社?」と思うこともあるかもしれませんが、だからこそ自信を持てずに、ついついアピールしてしまうわけです。

いわば、自慢話はコンプレックスの裏返し。自分に自信がある人は、そんなアピールをする必要がありませんし、実際しません。

そういう意味では、最初のうちだけ彼の自慢話に対して「(そんな大学を出たなんて)頭良いね！」「(そんな会社に勤めているなんて)すごいね！」と褒めてあげれば、コンプレックスが満たされて、そのうち自慢話をしなくなることも多いです。

なので、内心「うざい」とは思っても、多少は付き合ってあげてもいいとは思います。

ただ、中にはいつまでたっても自慢話が収まらない人もいます。

それだけコンプレックスが根強いということなのですが、そういう人はあなたが褒めても勝手に疑心暗鬼になって、あなたの言葉を素直に受け取れません。いわば底の抜けたツボのようなもので、いくら水を注いでも無駄なのです。

そういう人と付き合ってもあなたが疲弊するだけで、何も得るものはありませんので、そういう場合は別れましょう。

ひとことアドバイス

自慢話はコンプレックスの裏返し。多少は付き合ってもいいが、いつまでも続くようなら別れよう。

待ち合わせ中
遅いなぁ
イラ
イラ
連絡もないし

や
ドーモドーモ
あ…
こんばんは

会議が
長引い
ちゃって
課長の話
要領
得ないんすよ
大学の頃には
いなかった
タイプですね～
はぁ…

あ、メシ
どこ
行きます？
女の人はやっぱ
流行りの
イタリアンとか
行きたい
感じっすか？

なんか…
モヤァ…
○×社長
わかります？
今ビジネス本
結構出してる
有名人
いい店
ありますよ
○×社長に
紹介して
もらって
なんだろう
この感じ……

は！

マウント……!!
あたしデパコス大好きでぇ♡
プチプラって使ったことな〜い♡
彼氏がT大でもいいことないよ〜
ええ〜
モデルやってる××君の合コン誘われちゃってぇ

そっか〜私いまこいつにマウント取られてんのか
こういう時は…

えぇ〜♡○×社長と知り合いなんですかぁ♡
え〜っすご〜いすご〜い♡♡
キャー♡
私なんかと住む世界がちが〜う♡♡♡

パアア

フッ
完全勝利
すご〜い
あとでブロックだな

オタク婚活
オタクによるオタクのための
悩み相談室
LIMITED HOBBY
AKIBA
?
?
!!

第5章

デート編

彼が説教くさくて困っています。

男性と女性のコミュニケーションの違いは、よくカップルのケンカのタネになりがちですよね。

女性にとって、コミュニケーションの基本は共感（感情の共有）だと思います。自分がどう感じたか、どういう気持ちになったかが伝われば十分だし、別にそれ以上を望んでいないでしょう。

これに対して男性の場合、コミュニケーションの基本は問題解決です。そのために会話の中で情報を整理し、分析し、結論を出そうとします。

すると、何が起きるか。

女性としてはただ共感してほしくて最近あったできごとの話をしただけなのに、男性は「そんな時はこうしたらいいよね」などと、いらぬアドバイスをしてしまいがちなのです。これが、女性が男性を「説教くさい」と感じる理由です。

いちおう男性側のことを擁護しておくと、これは彼の真面目さ、誠実さの表れではあるのです。彼があなたのことを大切に思っているからこそ、少しでもあなたの役に立ちたくて、真剣に問題解決に取り組んでしまうのです。

ただ惜しむらくは、あなたが別にそんなことは望んでいないとは気付けない。そのため彼の努力は「小さな親切、大きなお世話」になってしまうのです。

特にオタク男性は真面目な人が多いので、このパターンに陥ってしまうことがよくあります。

そういう意味では、こうした男性は結婚相手としては決して悪くありません。例えば家庭に問題が起こった時など、問題解決が必要になった際には、真面目に真剣に取り組んでくれる、とても頼れる存在になるはずです。

その点は、ぜひ分かってあげてほしいと思います。

私から女性へのお願いです。

そしてもう一つ女性にお願いしたいのが、彼にただ話を聞いてほしい場合には「ねぇ、ちょっと聞いてほしいんだけど」などと、聞いてもらうことが目的であることを最初に伝えてあげてください。これが「ちょっと悩んでいるんだけど……」などと話しはじめてしまうと、彼の問題解決スイッチがカチッと入ってしまいます。

そして、話し終わったら「聞いてくれてありがと！なんかスッキリした」などと、彼があなたの役に立てたことを伝えてあげましょう。そうすると「話を聞いただけで彼女の役に立つのかな？」と不安に思う彼も、安心できます。

めんどくさいと思うかもしれませんが、こうしたちょっとした工夫をすることで彼の無駄な説教を防げるのだとしたら、あなたにとってのメリットは大きいのではないでしょうか。

ちなみに、男性が女性同士の会話を聞くと「ただお互いに自分が言いたいことを一方的に話しているだけで、意味のない会話だなあ……」と感じがちだったりします。これも、女性のコミュニケーションの基本が共感であることを理解していない故の感想ですね。

男と女は違う生きものなのだと、つくづく思います。

ひとことアドバイス

男の会話の基本は問題解決。彼の真面目さの表れだと思おう。

言い方キツい上司がいてみんなも私も参っちゃってて〜
パワハラにあたるか調べた？転職したほうがいいんじゃない？
なんで男って頼んでもないアドバイスしてくんの!?

私はただ話を聞いて欲しかっただけなのに——……

男女のちがい
それはね！男性は『解決してあげたい』女性は『共感して欲しい』と各々思うから噛み合わないんだ！

こちとら聞き飽きてんだよんなことはよォ……
あ〜ん？
まってまって
ひいいい

でもさちょっと考えてみてよ
結婚後もずーっとそれでいいの!?

※聞き上手の男性のイメージ

悩み2 デートに誘っても「仕事が忙しくて」と彼がなかなか会ってくれません。

何回デートに誘っても「仕事が忙しくて」などと言って、彼がなかなか会ってくれない。本当に忙しいなら仕方ないけど、もしかして私、嫌われてる？

——そんな相談を受けることも、よくあります。断言しましょう。「仕事が忙しい」というのは、１００パーセント言い訳です。

確かに、若くして起業した人など、本当に仕事が忙しい人はいます。でも、そんな人でも、あなたに会いたい気持ちがあれば「この日はダメだけど、この日はどう？」などと、なんとか予定を調整して、時間を作ってあなたに会おうとするものです。

そうしないということは、「忙しい」というのは言い訳だということ。たいていの場合、本当はヒマを持て余しています。ただ、そんなことを言ったら体裁が悪いので、仕事が忙しいふりをしているだけなのです。

もっとも、だからといって、あなたが嫌われているとは限りません。そこは、注意が必要です。

これはオタク男性に多いパターンなのですが、異性に接することに慣れていない男にとってのデートというのは、ものすごいプレッシャーがかかることなのです。それは恐らく、あなたの想像以上だと思います。

「彼女のことは気になるし、会いたい」

「でも会った時、何を話そうか？　どこに連れていこうか？」

そんなことをずーっと考えているうちに頭がグルグルしてきて、つい「ごめん、仕事が忙しい」と現実逃避、先延ばしをしてしまう。こういうパターンは、実は意外とよくあったりします。

では、そんな相手にはどう対処すればいいのでしょうか？

オススメなのが、とにかく短時間でいいので彼と定期的に会うようにすることとです。

例えば「毎週月曜日の19時、仕事帰りにスタバで落ち合って、一緒にコーヒーを飲みましょう。翌日も仕事で帰りが遅くなれないから、30分だけね」などと約束してみる。これなら女性慣れしていない彼でも「場所やメニューに悩まなくていいし、30分くらいなら話をもたせられるかも」と心理的ハードルが低くなり、受け入れやすくなります。

そして、そうやって繰り返し会っていくうちに、彼もあなたに会うことにどんどん慣れてきて「今度の週末、ネットでバズってたお店に行ってみようか」などという話ができるようになっていきます。

これ、私の相談所の会員さんでも効果を実証済みですので、ぜひ試してみてください。

そして、もし、彼がそのくらいの約束すらしてくれないなら……残念ですが、彼はあなたにまったく興味がないか、あるいは、あなたに都合を合わせるつもりがまったくない、とんでもない自己チュー野郎だということです。その場合は、さっさとお別れして、次のお相手を探しましょう。

どんなに彼が魅力的でも、そんな相手との付き合いがうまくいくはずがありません。彼の都合に振り回されるだけ振り回されて、あなたがひたすら疲弊していくだけです。

はっきり言って、時間の無駄。傷が浅いうちに、さっさと撤退するのが正解だと私は思います。

ひとことアドバイス

彼がデート慣れしていないだけかも。まずは短時間でいいので、定期的に会うようにしてみよう。

忙しい忙しい
言って
全然会って
くれない人が
いるんですよ〜っ
な〜に〜っ!?

そんな男は
別れてしまえッ
極端!!

いやそれが
そうでも
ないのよ
千里眼…?

あっ!?
ダラ〜〜〜ッ

め…
めちゃくちゃ
ヒマそう!

私より
ゲームの方が
大事なんだ
仕事忙しいって
言っておけば
体裁は保てる
からね〜
総じて
仕事できない
人で
結婚には
向いてないよ

ただ、ちょっと
別パターンも
あって……

「異性に
慣れてないから
会うと緊張して
疲れる」
って人もいる
お見合いや
アプリで
婚活始めた
オタク男性
とかね
あ…そう
言われると
わかる気が
しますね
私も
オタクなので…

そんな人は
「短時間で
定期的に会う」
のがオススメ！
お茶だけ
とか
仕事の帰りに
ごはん とか
そっか！
デートって
丸一日じゃなくても
いいんですね

ちょっとずつ
慣れることで
『もっと会いたい』
『もっと話したい』
と
自然に思える
ようになるよ！

俺も嫁と
仕事行く前に
電車のホームで
会ったりしてたなァ
あ
聞いて
ないです－
つめたい

彼が車に乗ると凶暴化します。

彼、普段はおとなしくてやさしいんですけど、ハンドルを握ると人が変わるんです。言葉遣いは乱暴になるし、運転も荒くて、正直、怖いです……。それさえなければ、いい人なんですが。

そんな相談、意外とよく受けます。確かに、車に乗った時だけ凶暴化する男性って、一定数いますよね。オタク男性であっても、例外ではありません。

では、なぜそういう人は凶暴化してしまうのでしょうか？

これは女性には感覚的に分かりにくいかもしれないのですが、そもそも男の子というのは基本的にメカが大好きです。なぜか心惹かれてしまいます。

なにしろ、小さな子供に「好きな絵を描いてください」と言うと、多くの男の子が車や電車、ロボットなどのメカを描く、という調査結果もあるくらいです。理由は分かりませんが、何か本能に根ざすものがあるのでしょう。

そして、この感覚は大きくなっても続きます。だからオタク男性って、ロボットアニメとかミリタリー好きの人が多いですよね。

ちなみに、女の子の場合はほとんどがお姫様やお花を描くそうですから、女性が男性のこういう感覚を理解できなくても無理はないと思います。ただ、男はメカが大好きな生きものなのです。

そんなわけで、車に乗ると、男は誰でも大なり小なりテンションが上がってしまいます。ガンダムに乗ったエースパイロットの気分になってしまうのです。

すると中には戦闘スイッチがカチッと入ってしまい、スピードを出しすぎてしまったり、周りを煽ったりしてしまう人も出てきます。これが、ハンドルを握ると人格が変わってしまう理由です。

女性からすると、幼稚に思えるかもしれませんね。確かに幼稚な感覚だと思いますが、それでもメカには、男には抗えない何かがあるのです。私自身、人格こそ変わりませんが車やバイクは大好きで、時間ができたらバイクをいじっています。

もっとも、だからといって「じゃあ仕方ないか」とは思えませんよね。周りの迷惑にもなりますし、なんとか彼には危険な運転をやめてもらわなければなりません。

その場合に気をつけたいのが、ただ「危ないからやめて！」と注意するだけだと、「俺の腕が信用できないのか」と彼がへそを曲げてしまう可能性があるということです。

そこで有効なのが「ロボットアニメのヒロイン」作戦。彼がロボットアニメの主人公になりきっているわけですから、あなたはその恋人役を演じてみるのです。

例えば「こんなスピード、怖い！」と事故ではなくスピードそのものを怖がってみるのもいいでしょう。あるいは、「あなたの腕は信じているけど、もしものことを考えると心配なの」と彼の身を案じてみるのもいいですね。

そうやって彼のヒーロー気分をくすぐると、案外、素直に言うことを聞いてくれるものです。

もし、それでもダメなら……その場合は迷わず別れましょう。最悪、あなたの命に関わることです。すぐに逃げてください。

ひとことアドバイス

彼はロボットアニメの主人公気分に浸っています。何度か注意しても直らないようなら、危険なので別れましょう。

彼と初めてのドライブデート♡
おまたせ〜

じゃ行きましょうか
はぁい

おやつと飲み物買ってきたんだけど…
ククク……

ゴゴゴ
ゴ
地獄のドライブの始まりだぜェ…
誰ェ!?

オラァどけどけー
ヒャッハー!!
プァパー
プァパー
チンタラ走ってんじゃねーッツ
キャー

ちょっと！
危ないよ!!
す…
すみません

運転してると
つい熱くなって
もう一人のボクが
出てきちゃって…
ブッとばすぜ
いや
怖いって

帰る！
命がいくつ
あっても
足りないよ！
そ、そんな…

私だけじゃ
ない
自分の命を
大切に
できない人とは
一緒に
居られない！

え？
車売って
自転車派に
なった？
まだいる…
まあ…
ゆっくり
走るなら
付き合っても
いいよ…

悩み4 付き合って間もないのに、彼がやたらと自分の車に乗せようとしてきます。

これ、地方在住の女性会員さんからはよく受ける相談です。

都会だと公共交通機関が充実していますから、自家用車がなくても生活に困りませんよね。なので最近は車の保有率が低くなっています。

でも、地方だと他に移動手段がないことも多く、車は生活必需品です。当然、会員さんの車の保有率も高くなり、こうした相談も増えるわけです。

そして実際、地方では彼女ができると、自分の車の助手席に乗せたがる男性がやたらといます。地方男性の「彼女ができたらやりたい100のこと」リストには、必ず「彼女を助手席に乗せる」という項目が入っているのではないかと思うほどです。

では、なぜそこまで彼女を助手席に乗せたがるのか？

女性としては「エッチな下心があるのでは？」と思うかもしれませんが、たいていの場合、男はもっと単純です。「俺の車、すごいやろ！」と見せつけたいのです。

女性にしてみれば「いや、別にどんな車に乗っていても、そんなに興味ないし」と思うかもしれませんが、特に地方のオタク男子は、車にもすごくこだわっていたりします。無理してローンを組んで高級車を買う人もいますし、ガチガチにカスタムしたり、内装にとことん凝る人も少なくありません。そんな自慢の愛車だから、隙あらば見せびらかしたいのです。

そういう人は婚活のプロフ写真にも必ず愛車とのツーショット写真を貼りますので、すぐ分かります（笑）。

とはいえ、男にその気がないとは言っても、車は動く密室ですから、出会って間もない相手と二人っきりになるのは、女性としたらちょっと怖いですよね。実際、女性が緊張しすぎて車内で吐いてしまい、男性が激怒して交際が終わったというケースもありますから、「ちょっと怖い」だけでは済まない可能性もあります。

なので、あなたが抵抗を感じるうちは、誘われても彼の車に無理に乗る必要はありません。「私、車に酔いやすいので」など適当な理由をつけて断りましょう。

私の相談所の女性会員さんには、「彼と出会ってから最低1ヶ月間は、彼の車には乗らないでください。そして、その間に彼と何度か会って、彼と二人でいても緊張しなくなってきたら、一緒に車に乗ってもOKです」とアドバイスしています。

さらに、「もし彼の車でドライブデートすることになった場合には、基本的に家からちょっと離れたコンビニやショッピングセンターで待ち合わせるなどして、家の前までの送迎はさせないでください」ともお伝えしています。

なぜなら、もし交際がうまく続かず別れることになった時に、彼にあなたの家の場所を知られていると、彼がストーカー化して近所を車でうろつく危険性があるからです。用心しすぎと思うかもしれませんが、「まさか、あの人が」と思うような人がストーカー化することもあるのが現実です。

彼に家の場所を教えるのは、それこそ結婚が決まってお互いの両親に挨拶に行くとか、そのくらいのタイミングになってからで十分です。何かトラブルが起こってからでは遅いのですから、女性はそのくらいの慎重さを持っていていいと私は思います。

ひとことアドバイス

彼は単に愛車を自慢したいだけだと思うけど、抵抗を感じるなら無理して乗らなくてＯＫ！　くれぐれも慎重な判断を。

今日は楽しかったです
ありがとうございました

初デートなかなかいい感じだったな
ホッ
次のデートなんですが…

○×県に行きませんか?
自分、車出すんで!

え?いや…○×県は遠くないですか!?
○○県でもいいですよ
車出すんで!

なんなら今送っていきましょうか!?
車出すんで!
めっちゃ車乗せようとしてくる
怖え〜……

免許取ったばっかなんですよ!
怖え〜……!

さあ
どうぞ
って
いつの間に!?

車内
めちゃくちゃ
快適ですよ
どんな
高級ホテルにも
負けません！
フワァ
本当だ
すげぇ
猫おる

どうですか
僕の車
乗って
行きま
せんか
だっ
大丈夫
です～!!

で…
そのまま
15キロ走って
帰ったと…

おかげで
足パンパン
ですよ
そういう奴の
車には
乗らない方が
安全だからね
妖怪
クルマダスンデとして
ネットに広めとこ
…ん？

あ
新！都市伝説
15Km走り続ける
ハイヒールの女
なんでやねん
新たな
都市伝説誕生の
瞬間だった

デートの計画とかお店の予約とか、いつも私がやらされます。

「今度のデート、どうしよう?」と言うと「君の行きたいところでいいよ」。

「どこで食事する?」と言うと「好きな店を予約しといて」。

そんなふうに何から何まで丸投げしてくる彼に悩む女性は、けっこういらっしゃいます。

女性からすると「男がエスコートするのが普通でしょ!」「そんなに私とのデートがめんどくさいんかい!」と文句の一つも言いたくなりますよね。

すいません。

恥を忍んで告白すると、私も実は昔、そういうタイプでした。見事に嫁にキレられて反省しましたが……。

ただ、そういうタイプの男を代表して言い訳させていただくと、別にめんどくさいから丸投げしているわけじゃないんです。

なにしろオタク男というのは、女性慣れしていません。「女性が好きそうなお店」とか「女性が喜びそうなデートスポット」とか、そういうのを一切知らないのです。

しかも、情報収集しようと思ってネットを検索しても、そこで見つけたデートスポットの中から何を基準に選べばいいのか、さっぱり分からない。その結果「何も分かんない俺が決めても微妙な結果になりそうだし、彼女に楽しんでもらうには、いっそ彼女の好きなようにしてもらうのが良策なのでは?」という思考に辿りつきがちです。

つまり、本人としてはしごく大まじめに、良かれと思って「ぼくは一切文句を言わないから、君の好きなようにしていいよ」と発言しているのです。

げに悲しきは非モテの業ですね。

もっとも、そうした彼を変える方法はあります。それは「彼と一緒にデートプランを考える」というものです。「任せるよ」と言われたら、「二人で考えたいの」と彼を巻き込めばいいのです。

ただし、それでも最初のうちは彼がなかなか自分の意見を言わないことがあるでしょう。彼としては自分の判断に自信がないからあなたに任せようとしていたわけで、あなたが「ここはどう？」と聞いても、彼が「それでいいよ」と何でも受け入れてしまい、結局あなたが一方的に決めてしまっている感じになる可能性は高いです。

そういう場合は、「私は○○か××がいいんだけど、あなたはどっちに行きたい？」といった聞き方をするのがオススメです。あなたがどうしたいかを伝えた上で、彼がどうしたいかを聞くわけです。選択肢の中から選ばせる形にすることによって、彼も答えやすくなります。

これを何回か繰り返すことで、彼もだんだん自分の意見を言うことに慣れていきます。

彼との交際を続けていくのであれば、これから「二人で話し合って何かを決める」という機会はどんどん増えていくでしょう。

「一緒にデートプランを考える」というのは、その最初の一歩であり、良い訓練になります。ぜひ二人であーだこーだ言いながら、楽しく取り組んでみてください。

結婚するというのは、そういった共同作業の連続とも言えます。そういう共同作業を重ねることで、お互いを知っていき、二人の絆が深まっていくのです。

ひとことアドバイス

彼は「自分が決めない方がいい」と思っているかも。話し合って一緒に決めるようにしてみよう。

いいことをした気でいるの!?

ふところの

実際には何もしていないのに

キミのワガママ全部聞くって顔して…!!

深さ…

めっちゃムカつく…

ロリィタ
お茶会
15:00〜
予約制

きゃあ〜
マロンさん
そのワンピース
かわいい〜♡♡
いちごベリー
さんこそ〜♡♡♡

……
フフン
どこでも
いいって
言ったよね？

今度からは
デートの計画は
二人でしようね！
ハイ…
キャ〜ッ

すっごく
カワイイ！
写真撮って
いいですか!?
お2人は
カップルですか？
うらやましい〜♡

ハマった。
次の
お茶会
名古屋
だって
ホテル
ここどぉ？

彼の食べ方が汚くて気になるのですが……。

くちゃくちゃ音を立てて食べる。
箸の持ち方がめちゃくちゃ。
食べ終わった後のお皿が汚い。
ご飯粒を残す。
――そういった「彼の食事マナーの悪さ」について悩む女性も多いです。

この問題の難しいところは、絶対的な正解がないところ。

女性でも「自分は正式なマナーをすべて完璧に身につけている」と絶対的な自信を持って言える人は少ないでしょう。また「お行儀が悪い」と知りつつ、ついやってしまうことの一つや二つは、誰しもあるものです。

なので、彼の食事マナーが気になりつつも「私が我慢すればいいんだし、あんまり小うるさいことを言ったらダメかも……」と注意できないで悩み、私に相談してくる女性会員もよくいらっしゃいます。

そういう場合、私はこのようにアドバイスしています。

「食事というのは結婚すれば毎日のことになるので、マナーの悪さを我慢し続けるのはそうとうなストレスになります。彼とのお付き合いを続けたいなら、注意して直してもらうしかありません。ただ、ちょっとしたことならともかく、食事マナーを大きく改善するのはとても難しいです。なので、お付き合いを考え直してもいいと思います」

食事マナー程度のことでお別れなんて……と戸惑うかもしれませんね。でも、もちろん理由があります。

そもそも食事マナーというのは、その人が育ってきた環境、つまり親や友人たちとの付き合いの中で培われてきたものです。だから食事マナーが悪い人は、生活水準や教育水準も低いことが多い。そのため、食事マナー以外にも、さまざまな部分であなたとのギャップが生まれる可能性が高いのです。

別の項目で「育ってきた環境の生活水準、教育水準があまりに違う相手とはうまくいかない」という話をしましたよね。要はアレと同じことなのです。

「食事マナーを大きく改善するのが難しい」というのも同じ理由で、食事マナーの悪さを指摘するということは、その人が育ってきた環境のレベルの低さを指摘することにつながります。いわば、その人のこれまでの人生を否定するのに近しいことなのです。そのため、感情的な反発を招きやすく、改善してもらうのが難しいというわけです。

ちなみに、下ネタになってしまって恐縮なのですが、食事マナーを見ると、その人のセックスの仕方も分かります。食事もセックスも、欲を満たす行為として共通するところがあるからです。

つまり、食べ方がキレイな人はベッドでも女性を丁寧に扱いますし、ガツガツ食べる人はベッドでもガツガツしています。これ、ウソのようなホントの話です。

一事が万事ではないですが、意外なところからその人の本質が見えてくるものですね。そういう意味で、デートで一緒に食事をしたり、仕事でも取引相手と会食したりというのは、相手を見極める上で実に理に適っている行為なのかもしれません。

私も食事マナーにはくれぐれも気をつけたいと思います……。

ひとことアドバイス

食事マナーには、その人が育ってきた環境のレベルが表れます。あまりにギャップを感じるようなら、お別れしましょう。

ムッシャ
ムッシャ
ムッシャ
ムッシャ
……
……

彼の
食べ方
汚い!!!
そこ以外は
いいのに
にゅっ

食べ方が
汚い人は
部屋も汚い！

そして
S◯Xも
下手!!!
いきなり
何言ってんだ
ドォォ

ごめん
セクハラ
だった
ぺた
そーいう話
いきなりは
やめて
ください
すまん

でも
なんとなく
想像つかない？
まだ
続けます？
いや
そうじゃ
なくて…

『食べる』って
食欲を満たす
行為でしょ？
なんていうか
欲望に対しての
姿勢に
見えちゃうん
だよね
貯金ないのに
フィギュア買うのを
ガマンできないとか
ダイエット中に
食べちゃうとか

さっき
「そこ以外は
良い」って
言ってたけど
他にも
合わないトコ
出てくるかも
しれないよ

どうした？
プルプル…

ダイエット中
なのに
ラーメン
食べて
推しの
フィギュア
カード払いで
買っちゃった
いや
ただの
例えだから！
気に
しないで

悩み7 彼がデート中に推しの話をしてきます。

別の項目で「彼がオタク話しかしません」という悩みを紹介しましたが、その最悪のケースがこれですね。単なるオタク話ならまだしも、推しの話をしてしまう。「○○ちゃん、マジ天使！ この間も……」そんなふうに延々と語られたら、たとえそれが二次元キャラの話だったとしても、女性としては面白くないでしょう。「そんなに好きなら、推しと結婚しろよ」と、イヤミの一つも言いたくなるかもしれません。

いちおう説明しておくと、「推しに対する好き」と「恋愛的な意味での好き」では、好きの種類が違います。別に、あなたより推しの方が好きとか、そういう話ではないのです。推しと恋愛は別腹。それはそれ、これはこれなのです。あなたにも推しがいるなら、そういった感覚は分かりますよね。

なので、彼に悪気があるわけではないのです。ただ単に、自分がいかに推しについて詳しいかアピールしたい、というオタク特有の本能に従っているだけなのです。

もちろん、だからといって彼女の前で嬉々として他の女の子の話をしていい理由にはなりませんが……オタク男性って、これをやりがちなんですよね。実際、女性会員からのそういう相談は少なくありません。

では、そんな時はどうすればいいのか？

実は簡単です。

「○○ちゃんの良さはよく分かった。では今度は私が、推しの××君がいかに素晴らしいか、そのスパダリぶりを語ってもよろしいか？」

そんなふうに言えば、彼も自分のデリカシーのなさに気付くでしょう（そこでもし「嫉妬乙！」などと煽ってきたら、そんな彼とは速攻で別れてＯＫです）。

そんなことを言ったら彼と気まずくなっちゃうかも、

と心配なようでしたら、いいフォロー方法もあります。
「○○ちゃんの良いところは分かったから、今度は私の良いところを教えて！」
こう言えば、一気にデートっぽい雰囲気になること請け合いです。

なお、ちょっとだけ気をつけておきたいのが、いくら彼が推しの話をするのが面白くなかったとしても、「別にそんなに可愛くないじゃん」「どこがいいのか、分かんない」などと彼の推しをけなすような発言はしないことです。そんなことを言ってしまうと、確実に彼はヒートアップして逆効果になります。

オタク婚活の原則は「お互いのオタク趣味を認め合うこと」ですから、彼の推しの良さが本当に分からなかったとしても、否定するようなことは言ってはいけません。

場合によっては「そんなことを言ったら、君の好きな××だって……」と泥沼の言い合いに発展することもあり得るので、くれぐれも注意しましょう。

ひとことアドバイス

素直に「やめて」と言いましょう。ただし、彼の推しを否定するようなことは言わないで！

今日の服
素敵ですね
髪型
似合ってますね
会うと必ず
褒めてくれる彼

あ…
ありがとう
ございます
てれ
そんな彼との
デートは
悪くない
そう

あっ
どのちゃんの
広告だ〜
Dono
カワイ〜
カワイ〜
今日来る前
サイン会だったん
ですよ〜！
どのとこ
コレさえ
なければ……
ハァ〜ッ

神対応だし
鬼かわいいし
天使⁉って感じで！
へー…
どのとこ

あれ？
神？鬼？
天使？って
どれやねーん
どーでもいい……

そんなに
どのちゃん?が
いいなら
その子と
結婚すれば
いいじゃない
ですか

わかってないな～
推しは推し!
現実とは
区別してますよ!
それに…

ぼく
現実だと
りのさんが
推しですし…♡
てれ…

え……
ドキ…

実はスマホの
ロック画面も
りのさんの写真で
ファンクラブ
会員No.0
名乗ってます
今度サイン
もらえません?
オタ仲間に自慢します

現実と区別
ついとらん
やろがい
シャシャシャ
りの
あ～♡
でもちょっとうれしい

オタク婚活
オタクによるオタクのための
悩み相談室
?
LIMITED HOBBY
AKIBA
?
!!

第6章

闇堕ち編

悩み1

不倫を断ち切るために婚活していますが、元カレ以上の男性に出会えません。

妻子ある男性との不倫関係に疲れて、彼を忘れるために婚活を始めました……。

そんな動機で婚活を始める方は、意外と少なくありません。私の運営する結婚相談所の会員さんの中にも、何人もいらっしゃいました。

そんな方に、まずお伝えしていることがあります。

それは「不倫を断ち切るために」婚活するのではなく、「不倫を断ち切ってから」婚活してください、ということです。

それだけで婚活の成功率は、かなり上がります。

この仕事をしていてつくづく思うのが、「不倫は依存症だ」ということ。

アルコールや薬物などの依存症と同じ、立派なビョーキ。なぜなら、驚くほど性質が似ているからです。

いったんアルコール依存症になってしまうと、その唯一の対策は「一生一滴もお酒を飲まないこと」しかありません。どんなに長いあいだ禁酒していても、一口飲んだだけでぶり返してしまいます。

不倫も同じで、いったん不倫してしまったら、唯一の対策は「一生もう二度と彼に会わないこと」だけ。いったん別れたとしても、再び会えば、ぶり返します。

極端なことを言っていると思いますか？

でも実際、元カレを忘れる前に婚活を始めた人は、ほぼ失敗に終わっています。結局は元サヤに収まって「セフレ」状態になってしまった人も知っています。

それほど、不倫とは恐ろしいものなのです。

ですから、結婚したいのであれば、まずは彼との関係を完全に断ち切りましょう。

もし彼が同じ職場の人だったなら、配置換えをしてもらうか、転職する。アルコール依存症を治すために、まず家にあるお酒をすべて捨てるとの同じことです。
交友関係も、見直してください。元カレと共通の知り合い、特に元カレの友達とは縁を切りましょう。不倫をしていると不倫仲間とでも言うような、不倫に肯定的な友人ができることもありますが、そうした人たちとの付き合いもやめるべきです。
「そこまで!?」と感じるかもしれませんが、アルコール依存症の治療において自助グループへの参加が効果的なのと同じで、「普段からどんな人と付き合っていくか」は意外と重要だったりします。
あとは、神社仏閣へ行き、縁切りを祈願するのもオススメです。「神頼み」ではなく「神様に誓って」縁を切る、と考えてください。

結婚は「家庭を築くこと」、不倫は「家庭を壊すこと」ですから、両立はあり得ません。
「不倫やめますか？　それとも結婚やめますか？」
「不倫ダメ。ゼッタイ。」
結婚相談所を運営する私の、心の標語です。

ひとことアドバイス

不倫は、アルコールや薬物の依存症と同じくらい怖いビョーキ。婚活を成功させたければ、まず不倫を断ち切ってからにしよう。

ギィ…
いらっしゃい

ゴロゴロゴロ…
ヨロ…
ヨロ…
あ…愛…を……

愛をくださいぃぃぃ……

……
不倫にハマってしまったか…
バタ

彼優しくて私をとっても大切にしてくれるんです
出世してて友達もみんな素敵で
こんなに気の合う人は二度と現れない
ガバ
欠点もありません！

強いて言えば奥さんがいることぐらいかなっ
にゃは☆
欠点通り越してもはや欠陥だろ

わかってるんです
不倫なんて
良くないいって
婚活
することで
断ち切り
たくて…
残念
だけど

婚活で不倫を
上書きするのは
ちょっと
難しいかな…

恋愛と
結婚って
別モノなんだ
恋愛は
脳内麻薬
ドバドバ
結婚は
おだやかに…
そして
中毒性は
恋愛の方が高い

不倫相手の
彼と比べると
婚活男性は
魅力的には
映らない
余計に
「彼以上の
人はいない！」
ってなっちゃうよ

本気で
断ち切りたければ
縁切り神社や
牧師、僧侶に
相談がオススメ
紙に書いて
お焚き上げとか
『儀式をする』って
案外効果あるんだよ
別に
オカルトじゃ
なくてね

彼を
断ち切れたら
今度こそ
婚活！
次の恋愛に
ハマる前にね！
はい！

悩み2

6ヶ月付き合った彼から「妹みたいにしか見られない」と言われました。

私のところに限らず、結婚相談所では男女のマッチングが成立して交際開始となると、仮交際・本交際（真剣交際）などいくつかの段階を経て、交際開始から6ヶ月以内に結婚の意思を確実にする（成婚する）ことを基本としています（規約や契約書に明記されています）。

ところが、この期限である6ヶ月目が迫ってきても、なかなか結婚の意思を示さない男性というのが時々います。女性側が結婚を意識した話をすると、こんなふうに言うのです。

「君のことは好きだよ。でも、妹みたいな感覚になってしまって、まだ結婚なんて考えられない」

そうやって、のらりくらりと交わされ続け、しびれを切らした女性が私に相談をしてくるということもよくあります。そんな時、私は必ずこうアドバイスします。

「残念ですが、その彼とは今後も縁はないでしょう。お別れして、新しいお相手を見つけてください」

こんなふうに伝えると、「結婚相談所としては早く誰かと結婚してほしいから、そう言うんでしょ？」「今はその気がなくても、好きとは言ってくれているのだから、そのうち彼が結婚する気になるかもしれないじゃないですか」と思うかもしれませんね。実際、そう考えて結婚相談所をやめてまで、その男性との交際を続ける女性も少なくありません（規約違反なのでバレたら大変ですが……）。

でも、残念なお知らせです。

そこから本当に結婚に辿りつけた人は、私はこれまで見たことがありません。結婚することも別れることもできないまま、その彼に3年、5年とアリ地獄のように生殺しにされるだけです。

私が知っている最長記録では、25歳から40歳まで、何と15年間も彼に引っ張られたという女性もいらっしゃいます。幸い彼女はその後、その彼とはなんとか別れて、婚活して1年で別の男性と出会い、成婚していきました。

残酷なようですが、これが現実です。

なぜこのような男性がいるのか？

それは、その彼にとっては「女性から結婚を求められている状態」が心地よいからです。その状態を楽しんでいると言っても過言ではありません。それによって自己肯定感を高めているのです。

だから、なるべくその状態を長くキープしたい。結婚すればその心地よい状態が終わってしまうわけですから、決して自分から結婚しようとは言い出しません。

かといって別れるでもなく、女性に甘い言葉をささやき続けながら、のらりくらりと交際を引き伸ばすわけです。

はっきり言って、女の敵です。

詐欺師です。

こんな男に引っかかったら、女性は人生を棒に振りかねません。

「お前はハーレム漫画の主人公にでもなったつもりか！」と呆れてしまいます。

それでも「もしかしたら……」と思ってしまうのが女心かもしれませんね。

でも、思い出してください。どんなハーレム漫画でも、主人公に結婚を迫るヒロインは、100％負けヒロインです。滑り台直行です。その思いが報われることは、決してありません。

勝ちヒロインになるには、男を追いかけるのではなく、男に追いかけさせるくらいでちょうど良いのです。

ゆめゆめ忘れることのないようにしてくださいね。

ひとことアドバイス

漫画みたいなセリフを言う男性には要注意。彼は自分に酔っているだけで、永遠に結婚する気にはなりません！

結婚相談所で
交際を始めて
六ヶ月
ねぇ、
そろそろ
将来のこと
考えない？

…ごめん
君のことは
妹としてしか
見れない

えっ
君を恋愛対象
として
見れないいんだ
妹だから
もちろん
結婚も×

は？いやいや
結婚だから
恋愛じゃ…
もう
僕のことは
忘れろ！

えぇ…つまり
交際終了って
ことね？
わかりました
仲人にも伝えて…
いや!!

妹との恋愛も
可能性はゼロじゃない
交際は続けよう!!
オオオオオ

待って
楽しい時間が
ザッ
一生埋まってろ

災難だったねぇ

あんなセリフ漫画かドラマでしか聞いたことないですよ
その通り！

彼の脳内はこんな感じだよ
うわぁ

原作無視もいいとこですね
うわぁ…
自分に酔いすぎなんだよね～

私はもっと美人系だと思います
そこ!?

悩み3

結婚寸前で「結婚できない」と言われました。修復できますか？

交際が順調に進み、めでたくプロポーズ。結婚式に向けていろいろ準備を始めました……そんなタイミングで、彼が「実は結婚を迷っている」「やっぱり結婚できない」と言い出すことがあります。

正直「ここまで来て、いまさらかよ！」と困惑しますよね。でも実は、こういうケースは少なくないんです。私も会員さんからの相談をよく受けます。

その経験から申し上げると、彼がそんなことを言い出す理由は十中八九、マリッジブルーです。「男性がマリッジブルーになるの？」と思うかもしれませんが、実際、男性でもマリッジブルーになる人は多いんです。

では、なぜ男性がマリッジブルーに陥るかと言うと、原因は単純で「それまで何も考えていなかったから」。

ここは私の経験上、男女差が顕著なのですが、結婚に対して、女性（特に婚活している女性）はかなり現実的な人が多いです。夢女子と言われる、恋に恋するようなタイプの女性だとしても、リアルの結婚に対しては「それはそれ、これはこれ」とシビアに考えています。

結婚は人生が大きく変わる大イベントですから、結婚後の将来について、女性は交際期間中にかなり細かくイメージしています。

ところが男性は、交際期間中にはそこまで考えていない人がほとんどなのです。結婚に対しても「恋愛の延長として結婚できればいいか」「生活のスタイルがちょっと変わるぐらいでしょ」という感覚で、なんとなくぼんやりしたイメージで、なんとなくお付き合いして、なんとなくプロポーズすることも少なくありません。

そうすると、いざ結婚準備という段階になって、はじめて結婚の現実に向き合い、さまざまな問題に気付くことになります。その結果、怖じ気づいてマリッジブルーに陥る、というのが典型的なパターンです。

もちろん結婚相談所の場合は、なるべくそうした事態を防ぐため、いろいろと工夫をしています。

最初のマッチングの段階で、相手の学歴や家族関係などがある程度分かるようにプロフィールを公開していますし、交際についても仮交際・本交際（真剣交際）などと区分けをしてあります。私の場合、会員さんには「仮交際はフィーリングが合うかを見る期間、本交際は結婚に相応しいお相手か判断する期間」と説明もしています。

なので、成婚までにはある程度は結婚後についてイメージできているはずなのですが、それでも結婚寸前になって「気持ちが分からなくなった」と相談されるケースは絶えません。これに関しては、男とはそういうものだと思ってもらった方が良いでしょう。

その上で、そこから修復できるかはお二人次第です。

まずは、なぜ結婚できないと思ったのか、彼に訊ねてみましょう。

その際には、「いきなりそんなことを言われても困る」と彼を責め立てるのではなく、「二人で問題を乗り越える方法を考えよう」と菩薩の心で彼の話を聞くのがポイントです。

二人の間で悩みを共有するだけでも、彼が「意外と何とかなりそう」という気持ちになることも多いものです。

それでも、どうしても彼の気持ちが変わらない場合は、破談にするしかありません。それはあなたに問題があったからではありません。彼に結婚まで辿りつくだけの思慮深さと覚悟がなかっただけのことです。「ハズレの男だった」と割り切って、次の出会いを探しましょう。

ひとことアドバイス

男性もマリッジブルーになるんです。まずは彼が何に悩んでいるのかを聞いて、二人で解決できる方法がないか話し合って。

お見合い

仮交際から
本交際

プロポーズ
親に挨拶
両家顔合わせ

結婚か～
実感ないなぁ
ぽわ
ぽわ
なんか…
実感がない

えっ
マーくんも？
実は私も
でも式の準備とか
色々やってくうちに
きっと……

いや
マジで
ない
僕は一体
なにをして
いるんだろう？

ど…
どうしたの⁉
けっこん？
けっこんって何？
ガクガクブルブル

ハァ～ハァ～
責任……
一生背負う？
えっ……⁉
僕が……⁉⁉

無理だ……
ガク
ちょっ…
マーくん⁉
マーくんー‼

彼、相談所を
退会したよ
結婚という
現実に
向き合えなかった
みたい
私は嫌というほど
向き合いましたけどね
ゲッ…

ピロン♪
お見合いの
申し込みだ
気持ち
切り替えて
次に…

♡LOVE 相談所♡
〈まーくん〉
あなたにお見合いの
申し込みがあります
なんで
やねん
ブン
別の相談所に
転生とは…
マーくん
おそろしい子…

悩み4 彼が信仰している宗教に勧誘してくるのですが……。

まず大前提として、日本には「信教の自由」があります。なので基本的には「信仰について、他人がとやかく言うべきではない」と、私は考えています。

誰が何の宗教を信仰しても自由ですし、どんな宗教の信者だって婚活する権利はあります。婚活中は信仰を隠せとも言いません。伝統宗教であろうが、新興宗教であろうが、そこは変わりません。

ただし、勧誘となると話は別。

私の友人にも宗教家がいますが、彼のように真面目に宗教に向き合う人は、他人にその「生き様」を見せることはあっても、自分の考えを押しつけたり、ましてや勧誘などは決してしないものです。

実はこの「宗教勧誘問題」、結婚相談所にとっても悩みのタネなんです。

もちろん、婚活の場での宗教の勧誘や、その他の営業行為はルール違反ですので、それが発覚した場合は退会させています。でも、根本的な対策はなかなか難しい。

昔は結婚相談所が入会希望者の信仰について詳しく聞いて、場合によっては入会審査でお断りしていたようですが、最近は「信教の自由」に抵触することから、そうしたこともできません。

そのため、いくつかの宗教団体が、結婚相談所を信者獲得の場にしてしまっているのです。彼らは、独身の信者に結婚相談所に入会させ、そこで勧誘活動を行わせています。例えばデートを口実に「行きつけのカフェがあるんだ」と、信者の集うカフェに連れていかれてそれとなく勧誘される……といったことも、実際に起こっています。

中には信者同士の婚姻を認めず（した場合は格落ちとされる）、結婚相手を入信させることで信者増を図っている宗教団体もあるようです。婚活に真面目に取り組んでいる立場からすると、まったく迷惑な話です。

そういうわけで、こうした問題に直面したら、どうしてもあなた自身がしっかり対処する必要があります。

最悪なのが、「彼のためなら……」と断り切れないまま、ズルズルと流されること。これが一番危険です。

まずは、いったん立ち止まって、自分の頭でよく考えること。

迷いがあるようなら、とりあえず誰でも良いから相談するのもいいでしょう。人に話すことで、自分の頭の中が整理できます。

その上で、相手の考え方や生き方に共感でき、彼の信仰についていくと決めたのなら、私は止めません。まあ、これまで私が相談を受けた会員さんの場合、大半は別れましたが……。

ちなみにちょっと余談ですが、こうした宗教勧誘目的の人って一見すごく魅力的なんですよね。

社交的だし、真面目だし、何でも共感してくれるし、自分の文句や愚痴を言わないし、お姫様のように扱ってくれる。なかなか結婚相談所にはいないタイプです。しかも、なぜか顔面偏差値も高めだったりします。

でもそれもこれも、宗教に勧誘するという目的があるからなんですよね。なので私は、「なんでこんな良い人が結婚相談所に？」と思ったら用心してください、と会員さんには伝えています。

ひとことアドバイス

信仰を持つこと自体は自由だけど、婚活の場での勧誘はルール違反。決して流されず、第三者にも相談して、自分の頭でしっかり考えよう！

お付き合いをしていた彼に誘われてカフェに行くと

彼の『仲間』だというたくさんの人
みんな彼と同じようにとても優しくていい人ばかり！

驚いた？実は…僕は新興宗教の会員なんだ
え⁉
といっても慈善事業がメインで
勧誘はしてないよ
教

ただ、僕のことを知ってほしくて今日は来てもらったんだ
君との将来を真剣に考えたいから

ハイ！ここで一旦ストップ
皆さん…どう思いましたか？

宗教とか
ムリムリ！
どう考えても
怪しいじゃん！
悪いけど
胡散臭い
よね…
結婚したら
入信させられそう

うーん…でも
本当に慈善事業が
メインなら
良い団体なんじゃ？

なに
言ってんの
騙されて
からじゃ
遅いよ
けど
結婚前に
言ってくれるのは
誠実かも
ワイ
ワイ

…とまあ
こんなふうに
答えは
ありません

もし
勧誘目的だった
場合、
結婚相談所は
退会処分ですが
宗教＝悪
ではありません
相手をよく見て
かつ第三者にも
相談して
みましょう！
ひとりで判断は
しないでネ

彼を推しに
ハメた？
逆勧誘じゃん

悩み5 彼が浮気しないか心配です。どうしたらいいでしょうか？

交際が始まって、彼の良いところをたくさん知っていくと、「こんなにステキなんだから、他の女性にもモテるんじゃ？」「他の人に取られたくない！」と不安になるのが女心ですよね。

実際、そういう不安を抱えている会員さんからのご相談は多いです。

でも、安心してください。その彼がオタクであるならば、浮気する可能性は限りなく低いと言えます。

なぜなら、オタク男性は基本的に女性との交際経験がほぼなく、苦手意識を持っているから。そして、そんな苦手なことに時間を使うくらいなら、自分の大好きなオタク趣味に時間を使いたいと考えるからです。「他の彼女に行く気力がない」のです。

ですから、あなたが心配するほど、オタク男性が浮気する可能性はありません。オタク専門結婚相談所を運営し、たくさんのオタク男性を見てきた私が保証します。

とはいえ、世の中に絶対はありませんし、どうしても心配になってしまうこともあるでしょう。彼のことをホントに好きだからこそ、そういう気持ちになるわけですから、私はそれを「いけないこと」だとは思いません。

ただし、そんな時に、ぜひ心がけてほしいことがあります。

それは、不安を解消するためには「束縛するのではなく、調教する」と考えること。

オタク男性は、良くも悪くも自由人が多いですから、束縛されることを極端に嫌います。特に、自分の大切な趣味の時間を邪魔されるのは我慢できません。

それなのに浮気を心配するあまり、つい彼の行動を逐一チェックしたり、頻繁にＬＩＮＥをして返信がないと電話してしまう……そんなことをすれば、逆効果。彼の心はどんどんあなたから離れていってしまうでしょう。

実際、私の結婚相談所の会員カップルの中にも、女性側の束縛がキツすぎて、男性側から「なんかひとりの方がいいと考え、交際をやめることにしました」と言われてしまい、破談になってしまった例もあります。

そうならないためには、ただ彼を束縛するのではなく、「飴と鞭」を使い分けて調教していくことが大切です。

ポイントは、飴と鞭のバランス。ただ束縛するだけというのは、いわば彼に鞭ばかりを与えている状態です。それでは、彼は逃げてしまいます。

鞭を与えたら、必ず飴も与えてバランスを取ること。例えば彼を甘えさせてあげたり、やりたいことをやらせてあげる。その繰り返しで、あなた好みの彼へと調教していくのです。

そうなれば、浮気もしません。あなたに沼落ちです。

実際、オタク男性は調教しやすいと思います。私の結婚相談所でも、うまくいっている会員カップルの中には「彼女はイヤなところもあるけれど、今まで言われたことがないことを教えてくれるので、成長している」と、見事に調教されている男性会員さんは少なくありません。

ひとことアドバイス

浮気を防ぎたければ、男性を束縛するのではなく、調教すること。特にオタク男性は調教しやすいのでオススメ。

はぁ
先生…私
不安なんです

彼、かっこいいから
ほかの女に
取られちゃう
かもって…
ハラ
ハラ
おーおー
沼ってるねぇ
わりとブツーの
カレだと思うけど…

一時間に一回
メッセージ
送って
出かける時は
必ず行き先を
報告させて
私もついて
いくんですが…
ガタ
やめなさい

あのねー
オタク男性って
束縛されるの
嫌がる人が
多いよ
自分の世界や
予定が
あるから…
でも!!

そんなに
不安なら
逆に
沼らせちゃえば
いいよ!

もし彼がアクティブ型のオタクなら…
ライブや
イベント
オフ会など
楽しかったの？よかったね♡
相手の趣味を尊重し時々声をかける
楽しそうなあなたが好きだよ♡

インドアタイプなら…
ず〜っと
ベッタリ
どこにも行くなヨォ
ではなく…
そういうとこ直してほしいな！
ハイ
アメとムチを使い分ける！

でもまあオタク男子は一途なことが多いから
心配いらないと思うけどね！

後日…
効果てきめんでしたぁ♡
うふふ♡
えれーコト教えてしもた

彼がちょいちょい、おっぱいを触ろうとしてきます。

これ、実は意外と多い相談なんですよね。

女性側がぶち切れてしまい、私が仲裁に入って男性側にこんこんと説教した、というケースも少なくありません。男性のおっぱい好きに悩む女性は、世にたくさんいらっしゃるようです。

男性だって、たとえ彼女相手だとしても、そんな場面でもないのにカジュアルに自分のデリケートな部分を触られたらイヤなはずなのですが……そこまで思いが至る人は少ない、というのが私の実感です。

いちおう男性の立場から言い訳をしておくと、必ずしもスケベ心で触っているわけではないんですね（スケベ心の場合もありますが……）。

じゃあなんで触るかと言えば、一つは好奇心。男性にはないパーツですから、どうしても気になります。特に女性経験の少ないオタク男性なら、なおさらです。

それから、単に触り心地がいいという理由もあります。言うなれば、猫を見ると思わずモフモフしたくなるのに近い感覚でしょうか。

ただ、スケベ心があろうがなかろうが、イヤなものはイヤですよね。そういう場合は我慢せず、はっきりイヤと伝えましょう。

特にコミュ障が多いオタク男性に対しては、しっかり言葉にして伝えないとダメです。なんとなく雰囲気では察してもらえません。その代わり真面目な人が多いので、一度「ダメなんだ」と分かれば、それ以降は決して触ってこないでしょう。

ただし、伝え方には工夫が必要かもしれません。

たまに「イヤと言ってもしつこく触ってくる」というケースもありますが、そういう場合は本当にイヤだとうまく伝わっていない可能性が高いです。

恥ずかしさを隠すために冗談めかしたり、おどけた調子で伝えてしまうと、「本当はイヤではないのでは」と勘違いされることは少なくありません。

特にオタク男性はツンデレという文化に馴染みがありますから、「女性が本音とは裏腹の言動を取っている」と都合良く解釈しがちな傾向があります。なので、誤解されないようにきっぱり拒否してください。

とはいえ、「彼を必要以上に傷つけてしまうかも」と、あまりキツい言葉遣いをするのに抵抗を感じる人もいるかもしれませんね。そんなやさしいあなたには、イエローカード方式をオススメします。

イエローカードというのは、サッカーの試合などで見かける、黄色いアレです。ルール違反した選手に審判が警告を出す際に掲げるもので、イエローカードが何枚か累積すると、その選手は退場処分になったり試合出場停止処分になったりします（ちなみに重大なルール違反があった場合は、イエローカードではなくレッドカードが出され、一発退場となります）。

それと同じように、最初の何回かは「次やったら怒るよ」「次やったら別れるよ」と警告で済ませるのです。そして、それでもしつこく胸を触ってきたら、その時はレッドカード！　ガチぶち切れて怒ってOKです。「あんた、いい加減にしなさいよ。もう別れます」

そう言えば、大半の男性は平謝りするはずです。

何回の警告でどんな処分を下すかはあなた次第ですが、イヤなことをされても何も言わず我慢し続けたあげく、限界を迎えていきなりレッドカードを出すよりも、その度ごとにイエローカードを出しておく方が、健全なコミュニケーションではないでしょうか。

ひとことアドバイス

イヤならイヤときっぱり拒否してOK！　ただし、いきなりガチ切れするのではなく、まずは警告を出してみて。

単刀直入に
聞きます
彼に
胸を触るのを
やめさせるには
どうすれば？

念のため
聞くけど
「やめて」とは
言ってるん
だよね？
一応…でも
いまいち
伝わってない
みたいで
それに

以前、別のことで
「やめて」って
強めに怒ったら
何がなんでも
やらなくなって
しまって
服は必ず
オシャレ着洗い!!
もう
まちがえ
ません!!
いや
それは
いいよ
○×
高校

だからあまり
強くも
言えなくて
オタク男性は
0か100かしか
ない子が
多いからねェ

そんな時は
『イエローカード
作戦』
でいこう！

イエローカード
1回目と
2回目は
警告
ピピッ
(やめろ)
ピピッ
(やめて)

3回目で
怒る!!
レッドカード
ピイィーッ
やめんかゴルァ

ツンデレだって
解釈して
甘えていたのが
やめろ
やめてよ～
このグラデーションの
部分ね
「もしかしたら
ガチかも」って
立ち止まれる
ようになる
かもしれない！

後日
カードより
ガードのほうが
いいかなって
ある意味
正解かもしれん

悩み7

彼に浮気されました。なぜ彼女がいるのに浮気をするんですか？

なぜ彼女がいるのに浮気をするのか？

それは、彼女がいる「から」浮気するのです。

なにやら禅問答のようですが、男性心理を考えると、その意味が分かります。

別の悩みへの回答で、オタク男性は基本的に浮気しない、という話をしましたよね。実際、私の経験上、オタク男性の8割は浮気しません。でも、何ごとにも例外はあるもので、残りの2割は浮気することがあります。

では、浮気しない8割の男性と、浮気する2割の男性は、どこが違うのか？　それは、「自分はモテる」という自信があるかどうかです。

オタク男性は基本的に女性との交際歴が少ないため、女性に対して自信を持てません。だから浮気しません。

でも、そんなオタク男性でも婚活を始めて彼女ができると、中には「これまでは単に女性に接する機会がなかっただけでも、実は俺けっこうモテるんじゃね？」と思ってしまう人が出てくるんですね。まあ客観的に見ると、単なる勘違いヤローなんですが……。

でも、不思議なもので、自信が出てくると行動も堂々としてきて、女性に対しても積極的になる。その結果、複数の女性と恋愛関係になってしまう人が出てくるのです。これが浮気するオタク男性の典型的なパターンです。

そんなわけで、残念ですが浮気してしまう勘違いヤローは、どうしてもある程度発生してしまいます。

では、彼の浮気が発覚したらどうすればいいのか？

すっぱり別れるか、それとも過ちを許して再構築するか。それはあなたの価値観次第です。

ただし、この時に絶対に避けてほしいのが「私に魅力が足りなかったから」などと自分を責めてしまうこと。これは、幸せを遠ざけてしまう考え方です。

彼が本当にあなたに魅力を感じなくなったのであれば、あなたと別れてから別の女性と付き合えばいいわけです。それは浮気する理由にはなりません。

むしろ、あなたにも魅力を感じていたからこそ、彼は別れるのではなく二股という選択肢を選んだのです。

もっとも「付き合う彼にことごとく浮気されるんです」という場合には、ちょっと考えた方が良いかもしれません。よく「男運が悪い」などと言ったりしますが、それは運ではなく、自ら浮気しそうな男に寄っていっているだけかもしれないからです。

オタクに限らず、自信過剰な男は浮気をしやすいです。例えば、若くして出世していたり、高給取りだったり……簡単に言うと「島耕作」みたいな人ですね。そんな人にばかり惹かれていませんか？

これまでの恋愛遍歴を振り返ってみて、もしそのような傾向があるようでしたら、自分の男性に対する考え方を見直してみるのもいいでしょう。あなたが結婚相手として本当に必要としているのはどんなタイプの男性でしょうか？　答えは人様々だと思いますが、今まで付き合ってきた男性とは違うタイプの人かもしれません。

ちなみに余談ですが、男性が自信過剰になっている時に浮気するのに対して、女性は自信を失っている時に浮気する、というパターンが多いように思います。彼以外の男性から求められることで、自分の価値を再確認しようという心理が働くのでしょう。

こんなところにも男女の差があるのですから、異性の心を理解するのは難しいですね。

ひとことアドバイス

残念だけど、彼女ができたことで「俺はモテる！」と勘違いする男性はいる。ただし、もしいつも浮気されるなら、自分の男性観を見直してみるのもいいかも。

先生
ドーン！
はい!?
ツカツカ
オタク男性は一途って言いましたよね!?

浮気されたんですけど!!

ああ…
なにその「やっぱり」みたいな反応!?

先生も私が男運悪いって言うんですか!?
ちゃうちゃう
てかそんなコト言われてるの キミ

こないだカレを連れてきたでしょ？
その時に感じたんだけど
順調でーす♡
よかったナー

奴はいま
調子に乗っている!!

いままで恋愛経験のなかった男性が
お見合い
婚活すると…
お見合い

俺…モテてる!!
イケる!!
パァア…
と勘違いするんだ

しかも今までモテたことがないから…
あっちもこっちも切りたくない
いっそ全員と付き合っちゃう♡
夢のハーレム主人公♡
〜ⓗ等分の花嫁〜

別れます
おけ！

モテない彼を上げてしまうほどキミが素敵な女性だってことだよ
そこで浮気しちゃうカレが悪い！
……
グス…
元気出せ！

悩み８

彼が風俗に行ってました。浮気ですか？

どこからが浮気で、どこまでは浮気じゃないのか？
永遠の問題ですよね。

個人の価値観によるので、絶対的な正解はないと思いますが……私の個人的な見解としては、単に風俗に行っただけでは「浮気ではない」と考えています。そこには恋愛という情はなく、金銭が介在する商取引にすぎないからです。浮気ではなく、ただのドスケベなだけです。

ただし、あまりにも嬢に入れ込んでしまい、いわゆる「ガチ恋」状態になってしまったらアウトだと思います。

男の性と女の性は違います。

男性は「妊娠させることで遺伝子を残す」生きものですから、食欲や睡眠欲といった「生物として本能的・原始的な欲求」に近いものとして性欲があります。そのため、肉体的な関係を持ったとしても、それがイコール心の関係には結びつかないことがほとんどです。

つまり、風俗に行ったとしても、そこに浮気とか愛情云々といった意識はありません。お腹が減ったから牛丼を食べに行った、という感覚に近いのです。

この感覚は女性には理解しがたいかもしれませんが、そういうものだと思ってください。

もちろん、人によって性欲の強い弱いはありますし、男性がみな風俗に行くわけではありませんが……ただ、セックスに対しての感じ方が男女では根本的に違うということは知っておくといいでしょう。

その上で「仕方がないね、男の子だからね」と思えるか、「絶対許せない！」と思うかはあなた次第です。

婚活コンサルタントとしてこれまで数多くのカップルを見てきましたが、そこに絶対的な正解はないように思います。

中には性的なことが苦手で、彼の欲求にうまく応えられない代わりに、彼が風俗に行くことを容認している女性もいらっしゃいました。それで互いの関係がうまくいくのなら、私はそれで良いと考えます。

その一方で、彼が風俗に行くのは一切認めない女性も当然いらっしゃいます。そんな関係でも男性が逃げていかないのであれば、それもそれでＯＫです。

要は、お互いが納得してさえいれば、それで問題ないのです。そこに一般論や他人の意見の入り込む余地はありません。夫婦とは、そういうものです。

ただ、一つだけ大切なことをアドバイスしておきましょう。

彼が風俗に行っていることが分かった時、「満足させられない私が悪いのかも」と落ち込む人がいるのですが、私はそこに責任を感じる必要はないと思います。先ほども説明したように、男性の性欲は「あなたに満足しているかどうか」とは無関係。「風俗は別腹」なのです。

それに、愛し方にも得手不得手があります。恋愛コンサルタントの中には「エロの腕を磨け」という人もいますが、あなたがセックスに対して苦手意識を持っているのであれば、苦手なことを無理してやることはないと私は思います。

それよりも、あなたが得意なことで彼を喜ばせてあげた方が、よほど幸せになれます。

あなたが彼に与えられるものは、セックスだけではないはずです。そこに魅力を感じたからこそ、彼はあなたを選んだのではないでしょうか。

だから風俗ごときであなたが自信をなくす必要など、これっぽっちもないのです。

ひとことアドバイス

男性は、風俗に対して浮気という感覚を持っていないと考えて。その上で、目をつむるか許さないかは、あなた次第。

彼が風俗に
行ってるみたい
なんです
私が
そういうことに
積極的じゃないから
浮気されたん
でしょうか？

ＯＨ～
それはいけま
セーン！
男はみんな
ケダモノ
ですからネェ～
エロメンタリスト
江口　猛(40)

色気を
身につける
レッスンを
しまショウ！
パン
パン
ザッ
ザッ
はい
セク！
スィーー！
セク！
スィーー！
？
？

馬鹿野郎
ドゥッ
"エ"ロっ⁉

謎の
エネルギー砲
出した…
あのね！
風俗は
浮気じゃないし
エロが
苦手な子は
そのままで
いーの！

ちゃんと
見なよ
この子を
どっから
どう見ても
色気ゼロ
でしょーが!!
あの先生
ディスってます？

…清純な子が
ほのかに色っぽく
なる変化が
たまらないンゴ
急に性癖
暴露するな

風俗へ
行くこと自体は
ただの発散で
浮気じゃないよ
でも女性が
よく思わないのも
当然だよね

どういう
つもりで
行ったのか
カレに一度
聞いてみよう
エネルギー砲
伝授しとく
から
ハイ！
的にするの
やめて
クダサ～イ
ハァアア

オタク婚活
オタクによるオタクのための
悩み相談室
?
LIMITED HOBBY
AKIBA
?
!!

第7章

決断編

悩み1

彼がすぐに転職します。結婚はやめた方がいいでしょうか？

終身雇用が当たり前だった一昔前と違って、最近は転職も一般的になってきました。かく言う私も、転職どころか起業までしてしまった人間です。

なので、転職自体をネガティブなものと決めつけるつもりはないのですが……それでも、結婚を考えた時「彼の仕事や収入が安定しているか」は、女性としては気になるところですよね。

結婚後の生活設計にも関わりますし、自分が気にしなくても親が気にする、というケースもあります。

では、そんな時どう考えればいいのか？

まず、彼の転職が「攻めの転職」か「逃げの転職」かを確認しましょう。

攻めの転職というのは、収入アップやキャリアアップを目指したり、よりやりがいを感じられる分野に挑戦するための転職です。こうした前向きな理由での転職の場合は、あまり心配しなくていいでしょう。

むしろ、二人の明るい将来のためにも、彼のチャレンジを応援してあげてください。絆を強めるチャンスです。

一方、「逃げの転職」というのは、仕事がキツかったり、人間関係がうまくいかなかったりして、今の職場から逃げ出すためにする転職です。これは要注意。

世の中には「やめて正解！」と言いたくなるような超絶ブラック企業も存在しますから、逃げの転職が必ずしも悪いとは限りませんが……ただ、繰り返すようだと、逃げ癖がついてしまっている可能性は高いです。

逃げ癖がついてしまうと、何のスキルも身につきませんから、いつまでたってもキャリアアップができません。その結果、職場を転々とするうちに、どんどん給料は下がり、雇用条件も厳しくなっていく……というのがお決まりのパターンです。

正直なところ、こうした男性との結婚はオススメできません。もしどうしても、そんな彼と結婚したいのであれば、二人の将来について彼とじっくり話し合い、お互いに納得できる結論を出しておきましょう。

ちなみに、彼に転職理由を聞いてもはぐらかされて、はっきり教えてもらえないかもしれません。そんな場合でも、普段の会話からある程度の推測はできます。

攻めの転職をする人は、普段から仕事について「こんなことにチャレンジしたい」など前向きな発言が多いです。それに対して逃げの転職をする人は、「上司や同僚と合わない」「仕事がつまらない」など愚痴が多くなります。

そういう意味で、交際中も普段から彼の仕事の話をよく聞いておくのはとても大切です。

それから注意事項として、一見攻めの転職のように思えても、いい年をして転職を繰り返しているようなら気をつけてください。単に見果てぬ夢を追い続ける夢追い人や、いつまでも自分探しをしている永遠のピーターパンだったりする可能性があります。

目安としては、婚活を考えるなら転職を繰り返すのは30歳までが限度だと私は思います。30歳までなら何度か転職して、納得できる仕事ができる「安住の地」を探すのも良いでしょう。でも、30歳を超えて転職を繰り返しているようでは、結婚どころではありません。

なぜなら、30歳までに安住の地を見つけたとして、そこで仕事を覚えてなんとか落ち着くまでに3年から5年はかかるからです。実際、私のところの会員さんの中にも、30代半ばで「やっと仕事が落ち着いたので婚活を始めます」という男性は少なくありません。

ひとことアドバイス

転職自体は悪くないけど、逃げの転職を繰り返したり、30歳を過ぎても転職を繰り返しているようなら要注意。普段から彼の仕事の話をなるべく聞いておこう。

転職
しようと
思うんだ

え⁉
また⁉

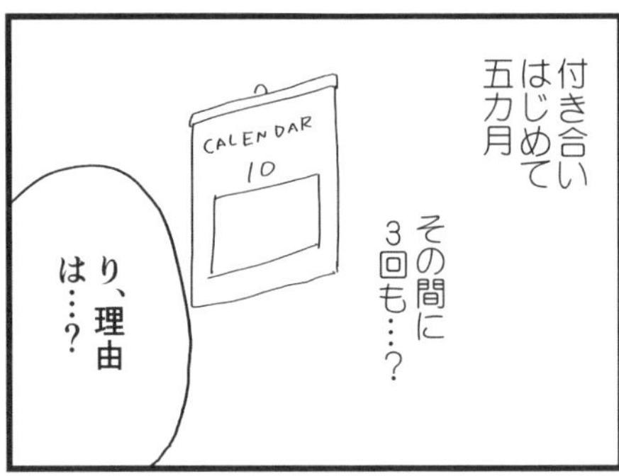
付き合い
はじめて
五カ月
その間に
3回も…？
り、理由
は…？
CALENDAR
10

う～ん…
人間関係
かな…

正直みんな
視座が低くて
チャレンジ
できない
環境っていうか…
こ…

これ
ダメなやつ
では…⁉

前のカレも…
俺が社会に合わないんじゃない
社会が俺に追いついてないんだ
FIRE
株 逆転
金持ち

その前のカレも…
働きたくないでござる

私は男をダメにする才能でもあんのか⁉
ちなみに

明後日から新しい会社だから
えっ事後⁉
もう転職済み⁉
ワン

大学時代の先輩が新しく立ち上げた会社で
断りきれなくてさ
今のところも仕事内容はまあまあ合ってたんだけどね

給料も今の倍出すって言ってくれて
よかった
あはは現金だな～
オレもだけど

悩み2 彼にぜんぜん貯金がないことが判明しました！

これ、結婚直前の時期のカップルからよく受ける相談です。意外と交際期間中は気付かないものなんですよね。彼の預貯金額って、女性側としては「財産目当てと思われたくない」という気持ちが働きますから、直接ズバリとは聞きにくい。しかも、婚活で順調に交際を進められる男性というのは、それなりに普段の身なりもちゃんとしているし、定職に就いていて、金払いも悪くない、という人がほとんどです。

なので女性としては「聞いてないけど、それなりに蓄えもあるだろう」と勝手に思い込んでしまうんですよね。まあ、無理もないと思います。

でも、実はそのような一見まともそうな男性の中にも、預貯金がない人はけっこういたりするんです。ちゃんと稼いではいるけど、あればあるだけ使ってしまう、「宵越しの金は持たない」タイプですね。

特にオタク男性だと、趣味にお金を使ってしまい預貯金がない人は多いです。ガチャは回したいし、限定グッズも欲しいし、聖地も巡礼したいし……などなど、オタ活・推し活にお金がかかるのは、あなたもよくご存じだと思います。

「別にお金と結婚するわけじゃないし、預貯金ってそんなに大事なんですか？」

そう聞かれることもあるんですが、結婚を前提に考えるなら、やっぱりある程度は必要だと私は思います。

より正確に言えば、金額よりも、「貯金する習慣が身についているか」が大切です。

結婚すると、例えば住宅資金や子供の教育資金、老後の備えなどなど、お金を貯めなければならない場面はたくさん出てきます。そんな時、普段から貯金する習慣がついてない人は必ず苦労します。

なので、こういう相談を受けた時、私はこうアドバイスしています。

「彼がこれまで貯金をしてこなかったのは、いまさら言っても仕方ないです。そのことは責めないでください。ただし、本気で結婚を考えているなら、まず手はじめに今日から彼に結婚資金の貯金をしてもらいましょう」

これに素直に従ってくれる彼なら、交際を継続してもいいでしょう。

なお、彼に貯金を始めてもらう際には、いくつかポイントがあります。

まず、財形貯蓄のように、毎月一定額を給料から天引きで貯めていくこと。人がこれまで培ってきた金銭感覚を、急に変えるのは難しいことです。なので「月末に余っている金額を貯めていく」という方法だと、いっこうにお金が貯まらないという結果になりかねません。そうならないために、お金を使う前に一定額を強制的に預貯金に回すことをオススメします。

それから、彼だけに貯金させるのではなく、あなたも一緒に貯金していくこともポイントです。

これは、それまで預貯金の習慣がなかった人ほど、お金が厳しくなった時などに、途中で「ちょっとくらいなら」と貯金を取り崩しはじめ、そのままズルズルと挫折しがちだから。それを防ぐためには、同じ目標に向けて一緒に頑張る仲間を作ることが有効なのです。

あなたが一緒に貯金をしていれば、仮に彼が預貯金を取り崩したい誘惑に駆られても、「彼女も頑張ってくれているのだから」とグッと踏みとどまれるでしょう。

ただし、法律的には結婚前の預貯金は夫婦の共有財産にはなりませんから、それぞれ別々の口座で貯めることをオススメします。

ひとことアドバイス

貯金がない男性は意外と多いけど、「貯める習慣」がないと結婚生活は厳しい。今日から彼と一緒に「結婚資金積立」を始めよう！

銀行
銀行

うわ
どうした!?
ゼ…
ゼロ……

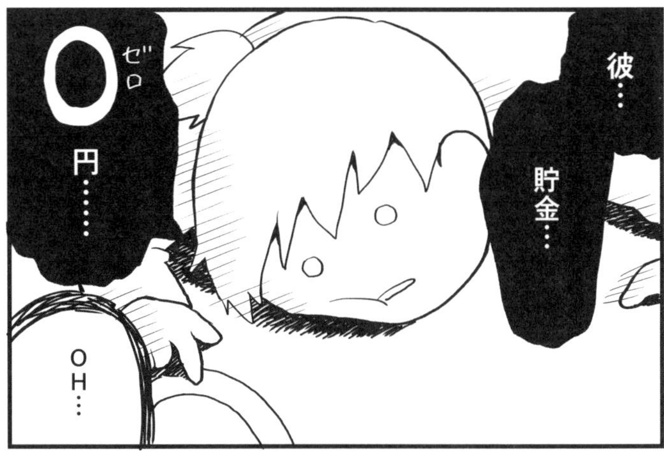
彼…
貯金…
ゼロ
0
円……
OH…

フィギュアも
トレカも
買いまくってて
お金あると
思ってたのに
ゼロ
おちついて

で、急に
発覚したの?
はい…

なにげなく彼に…
また限定品?
お金あるねぇ
貯金
大丈夫?
ちょきん?
LIMITED

そんなもの
ないが?
あああああああ
ITED

いますぐ
貯金
させろ――ッ
先生!?

どうしたんですか
ZEROってたのは
私のほうなのに
見分け
るんだよ！

二人で毎月
一定額ずつ
貯めることを
約束させる！
月に一万円ずつね！
1
2
3
一人で
やらせても
続かないから
必ず
『二人で』と
提案すること！
口座は必ず
分けてね！

ここで
嫌がるようじゃ
結婚はムリだし
続かなくても
ムリ！
でも続けば
彼とは
結婚してもＯＫ
貯金の習慣も
つくってワケ
なるほど…

手始めに
彼のフィギュア
売っていいですか
**それは
やめたげて**
HOBBY OFF
LIMIT

悩み3 彼が障がい者でした……交際を続けるべきですか？

「彼が障がい者と知らず交際していて、カミングアウトされてはじめて分かった」というケース、実は少なくありません。

結婚相談所でも、昔は入会時に障がいの有無について聞いていたりしていましたが、今では法律に抵触する恐れがあるため、事前に知らされることはありません。

そのため、外見で分かる身体障がい者の場合は別ですが、内臓系の慢性疾患だったり、軽度の精神障がいだった場合は、交際していても意外と気付かないものなのです。

「そんなのレアケースでしょ」と思うかもしれませんが、例えばうつ病も精神障がいの一種となります（状態に応じて、ちゃんと精神障害者保健福祉手帳も受けられます）。経済協力開発機構の調査によると、日本国内のうつ病・うつ状態の人の割合は17・3％とのこと（2020年）。今や身近な国民病と言えます。

とはいえ、いきなりカミングアウトされると、混乱する気持ちも分かります。

「この人と結婚してうまくやっていけるだろうか？」

「子供に遺伝しないだろうか？」

「親に彼のこと、どう伝えればいいんだろう？」

そんなふうに、いろいろな不安に駆られると思います。

その場合、まずは正確な知識を学ぶことから始めましょう。本を読むのもいいですし、可能なら彼に同意を取って、彼の主治医に話を聞けるとベストです。

実際に、障がいを抱えていても結婚している方は世の中にたくさんいらっしゃいますし、結婚後に彼が障がいを抱える可能性だってあります。

だから、単に障がい者であるというだけで、正しい知識もなしに、なんとなくのイメージで彼を切り捨ててしまうのはどうかと私は思うのです。

その上で、彼にどんなサポートが必要なのか、結婚して彼を家族として支えていけるか、よく考えてください。

これまで交際時に大きな問題を感じず、またそれ以外に重大な問題も隠されていないのであれば、障がいも彼の個性の一つとして受け入れて、結婚を考えても良いでしょう。

でも、これはかりはキレイごとでは済みません。「自分には負担し切れない、支え切れない」と思ったなら、正直に彼にそう伝えて交際をやめるのも、誠実さだと思います。

何が正解ということはありません。すべてはあなた次第です。

正しい知識を得た上で、今までの彼との交際を振り返り、後悔しない判断をしてください。

ちなみに、今回の相談とは逆に、あなたが障がいや病気を抱えている場合についても一つアドバイスしておくと、たとえどんな障がいがあるにしても「私は障がい者だから」と卑下することだけは絶対に避けてください。

私の会員さんの中にも、そんなことを言う人がいましたが、そんな人が婚活しても人が逃げていくだけで、良い出会いはありません。結局、その方はどんどん性格もひねくれてしまい、病んでいってしまいました。

そこまで障がいを気にしなくても、あなたの行動や言動に問題がなければ、あなたと添い遂げてくれる人は見つかるはずです。

実際、障がいを言い訳にせずに向き合い、堂々と生きている人は魅力的です。「五体不満足」の乙武さんなど、障がいを武器にして生きていて、さすがだと私は思うのです。

ひとことアドバイス

まずは彼の障がいについて、正しい知識を学んで。その上でこれまでの交際を振り返り、個性として受け入れられるか、支え切れないか、よく考えよう。

あの！
先生!!

彼が
障がい者だって
告白されたん
ですけど…
結婚して
大丈夫でしょうか!?

え、全然いいと
思うけど
なにか
心配が
あるの？
う〜ん…

会ってる時は
わかんなかったん
ですが
うつ病
だって…

なるほど
それならよく
観察したほうが
がいいね

障がいを理由に
切り捨てるのは
どうかと思うんだ
ですよね…
とはいえ

結婚は
価値観の違う
他人同士が
一緒になること
だから
「この人と
やっていけるか？」って
よく考えないと
いけないいんだ

…今まで
特に大きな
違和感は
なかったし
大丈夫かと…
いや

彼はあなたに
気付かれない
ようにしてたと
思うよ
オタクの
結婚でも、
先にオタクを
出すなって
言ってるん
だけど
それと
同じかな

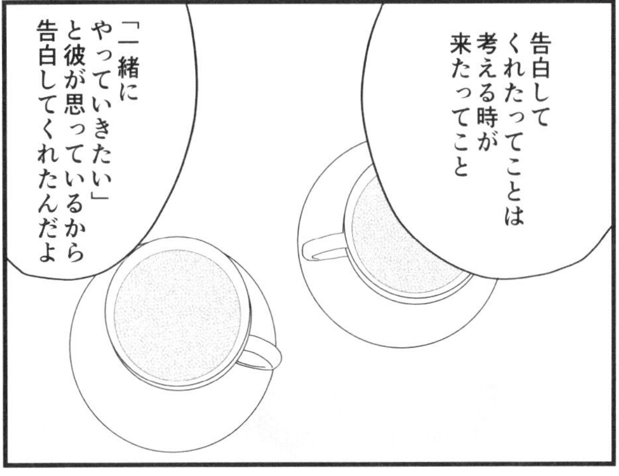
告白して
くれたってことは
考える時が
来たってこと
「一緒に
やっていきたい」
と彼が思っているから
告白してくれたんだよ

さあ！
二人の交際は
これからだ！
★ご愛読
ありがとう
ございました!!
先生それじゃ
打ち切りです

彼の年収が気になります。

お金と結婚するわけではないですが、さりとて結婚後の生活レベルに直結しますから、彼の年収は気になりますよね。安心してください。あなただけではありません。女性なら誰もがそうです。卑しいわけではなく、現実的なだけです。

結婚相談所でも、お相手の年収についてはもっともよく相談を受けます。それが分かっているから、会員さんにはプロフィールに年収を書いてもらいますし、それをマッチング条件として活用しているのです。

ただ、年収への関心が高い割には、「どれぐらいの年収でどんな生活ができるか？」ということについては、大半の女性があやふやだったりします。

実際、「普通の生活ができればいいんです」と言いつつ、お相手に高めの年収を希望される方も多いです。

しかし、あまり希望年収を高くしてしまうと、お相手の選択肢を狭めてしまうことにもなりかねません。

そこで知っておきたいのが、世間の平均です。彼に平均的な収入があれば、少なくとも経済的な面では平均的な生活が送れるでしょう。

国税局が調査・発表している民間給与実態統計調査（令和４年分）によると、婚活適齢期の男性の平均給与額は、20代後半で４２０万円、30代前半で４８５万円、30代後半で５４９万円です。

私は２０１１年に開業してから約５０００人以上の年収を見てきましたが、その感覚からも20代後半で４００万円、30代後半で５００万円程度での年収であれば高望みではないと思います。

ただし、地方と東京・大阪などの都市部では給与水準も物価も違いますので、そこは考慮しても良いでしょう。目安としては、地方であれば先ほどの平均値より20～30万円程度は低くても許容範囲内ですし、逆に都市部なら20～30万円高めに考えても良いかと思います。

ちなみに、先ほどの調査によると、女性の平均給与額は年齢に関わらずだいたい３３０～３４０万円くらいです。なので共働きを前提にすれば、30代同士のカップルで彼＋あなたの年収＝世帯年収が８００～９００万円となります。これなら十分に普通の生活をすることができるのではないでしょうか。

それでも「平均じゃイヤだ、もっと高年収の彼が欲しい」ということであれば、基本的には同世代ではなく年上世代の男性を狙うしかありません。

もちろん同年代でもバリバリ稼ぐ男性もいるかもしれませんが、そういう人は仕事に集中していて、あまり結婚まで考えが回らないことがほとんどです。

実際、高年収ＩＴ社長の婚活のお手伝いをしたこともありますが、「若い時はビジネスを軌道に乗せるのに精一杯で、お金もほとんど事業につぎ込んでいたので、精神的にも経済的にも結婚を考える余裕はなかった」と話していました（その方は38歳で成婚しました）。

それに、下手に年収が高い人と結婚すると、レディースコミックみたいな世界が待っていることもあります。

私はサラリーマン時代に、とあるお医者さんの家に仕事で出入りしていたことがありますが、そこは藤沢もやし先生の漫画『御手洗家、炎上する』に出てくる様な家で、普通の家の出身だった奥様が病んでる感じでした。

結局、幸せな結婚をするためには、金銭的にもメンタル的にも自分に相応な相手を見つけることが大事なんだと、私は思います。

ひとことアドバイス

彼に20代後半で４００万、30代後半で５００万円程度の年収があれば平均的な生活が送れるはず。分不相応な高望みをすると、身体や精神が病むかも！

年収
高い人がいいなぁ

高い…ってどれぐらい？
最低800万は欲しい

海外旅行
バカンス
ホテルディナー
ブランド品
子供は2人
犬と猫と
タワマン
暮らし…
いや…

800万でその生活は無理だよ
子供きつなら なおさら
そんな!!

高い年収を求めることは悪くないよ
生活、いや人生に関わることだからね
でも、なんとなくの数字だけでは出会いの幅が狭くなります

それに
庶民が富裕層と
結婚すると
大変なことも多い
マンが
みたいな
格差婚

教養や
付き合いを
求められるし
?
肝心の彼は忙しくて
家に帰ってこない…
とかね

いくら
お金があっても
心が
満たされないと
結婚生活は
つらいものに
なってしまうよ

それでも
年収に
こだわるなら
止めないけど
自分と
釣り合いの取れる
価値観の人を
オススメするよ

ちなみに
君の年収は
医者
○千万
ちょい…
彼
超えとるや
ないかい

悩み5 もうすぐ結婚なのですが、本当にこのまま彼と結婚していいのでしょうか？

「彼となら大丈夫だと思っていたけど、本当に私、やっていける？」
「この人で本当にいいのかな？」
「他にもっといい人がいるかも……」

結婚直前になって、そんな不安に襲われることがあります。

これまで交際期間中にさんざん結婚後のあれこれについてシミュレーションしてきたし、今になって彼に特に何か新しい問題が見つかったわけでもない。それでも、なぜか不安になるんですよね。

それが、いわゆるマリッジブルーです。

マリッジブルーになること自体は、別に悪いことではありません。

別の悩みへの回答で男性のマリッジブルーについて触れましたが、女性のマリッジブルーはまたちょっと違います。男性の場合は「それまで何も考えていなかったから」マリッジブルーになるのですが、女性の場合は逆。つまり、女性は現実的なので、結婚生活については早い段階からいろいろと考えています。そして結婚直前になって、改めて「いろいろと考えすぎてしまうから」マリッジブルーになるのです。

そういう意味で、女性がマリッジブルーになるのは、ごく自然なことなのだと思います。実際、女性ならほぼ誰でもマリッジブルーになります。そのために結婚相談所によってはマリッジブルー対策講座を用意しているくらいです。

では、マリッジブルーになってしまったら、どうすればいいのでしょうか？

身も蓋もないことを言ってしまうと、悩むのをやめることです。未来というのは誰にも分かりません。あれこれ考えたところで、絶対確実な未来予想なんてできません。悩んでも意味がないのです。

もちろん必要最低限の条件として「こんな男と結婚するのはオススメできない」というものはありますが、あなたがここまで交際して結婚を決めた彼なのですから、そういった条件はクリアしているはず。

であれば、今必要なのは、悩むことではなく、覚悟すること。あなたを幸せにできるのは究極のところ、あなたしかいません。

「絶対幸せになってやる！」

「この先何があったって、彼と二人で乗り越えてやる！」

そう心に誓うことです。

女性にとってマリッジブルーとは、そういう覚悟を決めるために必要な時間なのだと、私は思います。

実際、私の結婚相談所で婚活して結婚した先輩たちも、みな同じようなことをおっしゃいます。

結婚は渓谷へバンジージャンプをするようなもので、ビビるのは当たり前。それでも「なるようになる」と思えたから結婚できたのだ、と。

かのアントニオ猪木も、こう言ってます。

「（試合に）出る前に負けること考える馬鹿いるかよ」

結婚する前から結婚生活が失敗することを恐れていたら、誰が相手でも、いつまでたっても結婚などできません。結婚とは、そういうものなのです。覚悟を決めた者だけが手にできる栄光なのです。

ですから、あなたがマリッジブルーに打ち勝つためにできることは、ただ一つ。毎日「私は幸せになる」と呟き、自己暗示をかけることです。

あなたの健闘を祈ります。

ひとことアドバイス

未来なんて、誰にも予想できない。あれこれ悩むより、「絶対幸せになってやる！」と覚悟を決めよう。

結婚が目前に
迫ると
陥りやすいのが
マリッジ
ブルー

これは
恋愛気分から
『結婚』という現実に
踏み切る時に
起こりやすい現象です
ビューウウ
つまり…

バンジー(めっちゃ)
ジャンプ(ビビってる)
直前の状態!!
結婚…
やってけるのか…!?
コレ
そもそも
相手は
いいのか!?
で
どうなん
だい!?
カララ

結婚で
女性の生活は
一変する
だから
失敗する
ことへの
恐怖が大きい
でも!
幸せになる
覚悟さえ
あれば…
ガーンッ

ハァ ハァ ハァ
スタッ
なんでいるの!?
バンジーしてるって聞いて心配で……
絶対に幸せになる!!!
うおおおおお
無事でよかったです
泣くなって帰ったら式の相談しよ
★お幸せに!!

オタク婚活
オタクによるオタクのための
悩み相談室
LIMITED HOBBY
AKIBA
?
?
!!

おわりに

最後までお読みいただき、ありがとうございました！

この本が生まれるきっかけとなったのは、実は2017年に出した同人誌です。

当時は、手探りで始めたオタク専門結婚相談所がようやく軌道に乗りはじめてきた頃でした。会員さんや、それ以外の方からもいろいろな相談をされることが増え、そのような方々に向けてオタク婚活のアドバイス本を出したいと思っていたところ、タイミング良く、BLマンガ家であり、私の結婚相談所の会員でもあった町子先生がめでたく成婚されたのです。そこでその成婚退会記念としてコミックマーケットで頒布したのが、『腐女子がやってみた！戦略的おたくの婚活』という同人誌です。

当時、婚活をテーマにしたサークルは私たちだけでしたので、「誰も見てくれないんじゃないだろうか」「嫌がらせとかあるかも……」と内心ドキドキしていたのですが、蓋を開けてみれば500部が完売。そして、その同人誌を見て秀和システム編集部の方が声をかけてくださり、今回の出版に到ったというわけです。

ですから、今回の本を書き下ろすにあたっては、同人誌と同じようにぜひ町子先生とのタッグで出したいとお願いしました。お忙しい中、私のわがままに付き合っていただいた町子先生、ありがとうございます。

それから、オタク婚活に興味を持っていただいた出版プロデューサーの松尾昭仁さま、出版に携わっていただいた関係者のみなさまにも御礼申し上げます。

そして何よりも、本書をお手に取っていただき、読んでいただいたあなたに、心より感謝いたします。

最近は多様化の時代になり、恋愛や結婚以外にも多様な選択が増えてきました。「恋愛しないとダメ！」「結婚しないとダメ！」という時代ではありません。自らの責任において、自由に選択できる世の中になりました。

そういう時代にあえて結婚という選択肢を選ぶのであれば、自分の大好きなものを犠牲にすることのない「オタク婚」こそ、目指すべき理想の姿なのだと私は思います。そんな理想の実現をお手伝いできる婚活コンサルタントというお仕事に今後も尽力していくことを誓って、筆をおかせていただきます。

2024年1月

よこい先生

著者プロフィール

よこい先生

1971年、岐阜生まれ。
幼少の頃からアニメや漫画に興味を待ち、学生時代にはオタクといじめられ、社会人となる。30歳を目前に婚活を開始。婚活パーティーやコンパはうまくいかず、結婚相談所は強引な営業に嫌気が差すなど八方塞がりに陥るが、諦めずに女性との会話、接し方を研究し続けた結果、2000年に結婚。その経験から友人の結婚相談や恋愛相談をされることが増え、2012年に日本ではじめてオタク・腐女子に特化した専門の結婚相談所ミューコネクト株式会社を設立する。現在、東京・大阪・名古屋を中心に活動し、年間相談件数800件以上、入会から11ヶ月以内での成婚率80%の実績を出している。好きな食べ物はナポリタン。

- **ミューコネクト株式会社**　https://mu-connect.jp
- **オタク向け婚活情報サイト「オタク婚活研究所」**　https://otakukonkatu.net/

町子

2017年『とにかく明るいインキュバス！』（双葉社）でBL漫画家デビュー。コミックス『きみとハムハムしたいのだ！』（双葉社）等を刊行。
よこい先生との出会いにより、その気のなかった婚活に踏み切り結婚。BL執筆と並行して、よこい先生と共にオタク婚活のコラム＋エッセイ漫画の同人誌を発行し続ける。
コメディタッチが得意。好きな食べ物は辛子明太子。

- **ポートフォリオサイト**　https://mmmachico.tumblr.com/
- **X（Twitter）**　https://twitter.com/ttmtms

- **企画協力**　ネクストサービス株式会社　松尾昭仁　　・**装丁**　大場君人

オタクによるオタクのための
オタク婚活悩み相談室（こんかつなやみ そうだんしつ）

発行日　2024年 2月 5日　第1版第1刷

著　者　よこい先生（せんせい）／町子（まちこ）

発行者　斉藤　和邦
発行所　株式会社　秀和システム
〒135-0016
東京都江東区東陽2-4-2　新宮ビル2F
Tel 03-6264-3105（販売）Fax 03-6264-3094
印刷所　三松堂印刷株式会社　Printed in Japan

ISBN978-4-7980-7177-0 C0095